SUR LA ROUTE
AVEC CHE GUEVARA

ALBERTO GRANADO

SUR LA ROUTE
AVEC CHE GUEVARA

*traduit de l'espagnol
par Philippe Vigneron*

ARCHIPOCHE

Ce livre a été publié sous le titre
Travelling with Che Guevara
(Con el Che por Sudamérica)
par Newmarket Press, New York, 2003.

Si vous souhaitez recevoir notre catalogue
et être tenu au courant de nos publications,
envoyez vos nom et adresse, en citant ce
livre, aux Éditions de l'Archipel,
34, rue des Bourdonnais 75001 Paris.
Et, pour le Canada, à
Édipresse Inc., 945, avenue Beaumont,
Montréal, Québec, H3N 1W3.

ISBN 978-2-84187-813-0

Le retour du gitan sédentaire

« Le gitan sédentaire » : tel est le surnom que m'avait trouvé mon ami Ernesto Guevara de la Serna, parce que je rêvais sans cesse de faire de grands voyages tout en souhaitant, en même temps, rester chez moi, près de ma famille et de mes amis. Il me connaissait bien !

Aujourd'hui, plus d'un demi-siècle après notre périple en Amérique du Sud, mais dans des circonstances en tous points différentes, le gitan sédentaire est de retour, abandonnant par la même occasion la sérénité de sa maison et le calme de la douce Havane où il a passé quarante-trois années entouré d'amis affectueux, d'étudiants, de collègues, d'enfants et de petits-enfants aimants.

Comment expliquer un tel changement dans ma vie ? À cette question, il n'existe je crois qu'une seule réponse : j'ai mis un terme à ma carrière scientifique pour laisser la place à la nouvelle génération, constituée de chercheurs suffisamment chevronnés pour apporter leur propre contribution au domaine de la génétique. Et je voulais me retrouver au calme. Mais je suis toujours resté fidèle à mes principes – et à mon désir toujours ardent de voir de nouveaux horizons, même s'il s'agit d'horizons où mon regard s'est déjà posé par le passé…

Comment cette merveilleuse aventure a-t-elle débuté ? Je vais vous l'expliquer brièvement.

En 1978, après que l'avalanche de propagande provoquée par la mort de mon ami Ernesto Che Guevara se fut apaisée et que faux amis et pseudo-historiens se furent tus, j'ai décidé de publier le journal que j'avais tenu au cours de mon voyage en compagnie d'Ernesto. Mon but était simple : je voulais montrer au monde entier que le Che était un homme de chair et de sang qui était toujours resté fidèle à ses principes, et non une sorte de créature mythologique, comme le présentaient certains amis peu scrupuleux et, pis que tout, certains ennemis de la Révolution qui, en le mythifiant, espéraient démontrer qu'il était impossible de suivre son exemple.

Après le succès rencontré par la publication, au sein du même volume, de mon livre et du journal de bord d'Ernesto, le rêve longtemps caressé de voir adapter pour le grand écran le récit de notre périple a fini par devenir une réalité : le réalisateur brésilien Walter Salles allait tourner *Carnets de voyage*. L'occasion m'était offerte de faire office de consultant auprès de l'équipe de tournage du film et, parallèlement, du documentaire sur ce film. Tout serait tourné sur les lieux exacts de notre histoire. Le choix qui se posait à moi était simple : mettre à l'épreuve mes quatre-vingts ans et repartir sur la route pour revivre ce voyage ou rester chez moi, à tenir compagnie à d'autres vieillards tout en poursuivant mes recherches pour un nouveau projet littéraire...

Mon indécision ne dura pas : l'idée de me retrouver auprès du réalisateur et de ses acteurs au fil du tournage pour vérifier que la fiction collait d'aussi près que possible aux événements réels qui s'étaient déroulés un demi-siècle plus tôt m'enthousiasmait. En même temps, la vie me permettait d'exaucer l'un de mes vœux les plus chers : emmener mes proches voir ces endroits dont je leur avais si souvent parlé.

Comme c'est souvent le cas, la vraie vie a surpassé toutes mes attentes. J'ai été accueilli par le réalisateur, les acteurs et toute l'équipe d'une façon merveilleuse. En outre, mes recommandations et suggestions ont quasi toutes été prises en compte. Bien sûr, tout cela était précédé d'un échange d'idées et d'opinions. J'aurai appris plusieurs choses : la première, c'est qu'une fois encore la bonne fortune avait réuni des hommes et des femmes dotés d'une grande sensibilité pour traduire de façon fidèle tout ce qu'Ernesto et moi-même avions mis dans nos journaux de voyage. La seconde, c'est qu'il est terriblement difficile et absorbant de bien tourner des scènes, même celles qui sont en apparence les plus simples. Le plus extraordinaire, c'est que plus ces scènes étaient répétées et rejouées, plus elles se rapprochaient de la réalité.

J'ai enfin appris que, si chaque membre de l'équipe paraissait s'intéresser uniquement à son travail, ces efforts individuels aboutissaient collectivement à une création d'une grande qualité.

Comme le lecteur pourra l'imaginer, être le spectateur d'un tel voyage un demi-siècle plus tard m'a permis de revivre d'intenses moments d'émotion, cette fois-ci en compagnie des êtres les plus chers à mon cœur. Pourtant, de toutes les scènes que je garde en mémoire – nos adieux à *Poderosa II*, mes retrouvailles avec Zoraida

Boluarte, l'ange gardien de notre expédition, et avec Lima, la ville où j'ai fait la connaissance du Dr Hugo Pesce –, celle qui m'a bouleversé au-delà de toute expression fut la rencontre de plusieurs des malades de la léproserie de San Pablo, qui se rappelaient notre séjour dans leur établissement. Le plus jeune d'entre eux – il avait quinze ans en 1952 – est venu me voir pour me dire qu'il se souviendrait toujours du moment où je lui serrai la main sans enfiler de gant de protection. « Après votre passage, votre ami et vous, m'a-t-il confié, tout le monde s'est montré plus gentil envers nous. » Quelle plus belle récompense aurais-je pu espérer de cette vie ?

Alberto Granado
La Havane, mars 2004

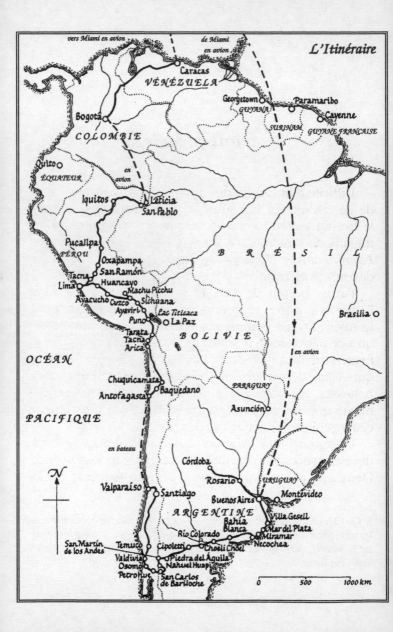

L'Itinéraire

vers Miami en avion   de Miami en avion

Caracas
VÉNÉZUELA

Georgetown   Paramaribo
GUYANA   Cayenne
Bogotá   SURINAM   GUYANE FRANÇAISE

COLOMBIE

Quito
ÉQUATEUR

en avion

Iquitos   Leticia
San Pablo

B R É S I L

Pucallpa
PÉROU
Oxapampa
San Ramón
Tacna
Lima   Huancayo
Machu Picchu
Ayacucho   Sicuana
Cuzco
Ayaviri
Puno   Lac Titicaca
Tarata   La Paz
Tacna
Arica

Brasilia

B O L I V I E

OCÉAN

Chuquicamata
Antofagasta   Baquedano

PARAGUAY

PACIFIQUE

Asunción

en bateau

Córdoba

Rosario
URUGUAY
Valparaíso   Santiago
Buenos Aires   Montevideo

A R G E N T I N E
Bahía   Villa Gesell
Blanca
Río Colorado   Mar del Plata
San Martín   Temuco   Cipolletti   Miramar
de los Andes   Choeli Choel   Necochea
Valdivia   Piedra del Águila
Osorno   Nahuel Huapi
Petrohué   San Carlos
de Bariloche

N

0   500   1000 km

Avant-propos

Difficile au juste de dire quand nous avons eu l'idée de ce voyage. La littérature a joué un rôle important : le besoin viscéral de partir est né avec la lecture des romans de Ciro Alegría, *La Serpiente de oro, Los Perros hambrientos* et *El mundo es ancho y ajeno*[1], que j'avais dévorés avidement.

J'avais besoin de voir le monde, mais avant tout l'Amérique latine, ce continent de souffrances qui était le mien. Et pas comme un touriste qui ne s'intéresse qu'aux panoramas, à son petit confort et à des plaisirs fugaces, mais à travers les yeux et l'esprit d'un homme qui veut découvrir les beautés du continent, ses richesses, les hommes et les femmes qui y vivent, de même que ses ennemis, de l'intérieur et de l'extérieur, ceux qui l'exploitent et l'appauvrissent.

C'est ainsi que, depuis 1940, « le voyage » était devenu synonyme d'exploration de l'Amérique du Sud. Deux ans plus tard, en 1942, Ernesto Guevara de la

_____

1. Ciro Alegría (1909-1967), écrivain et journaliste péruvien. Ses romans les plus connus sont *Le Serpent d'or, Chiens affamés* et *Vaste et inconnu est le monde*, dans lequel il dépeint les souffrances des Indiens péruviens exploités.

Serna – El Pelao, le « chauve » de mes jeunes années – entra en scène, se mêlant à l'auditoire habituel de mes parents et de mes frères. Avec une ironie innée et le génie de la critique et du débat, Pelao ajoutait une note piquante dans nos discussions routinières sur l'Utopique Voyage.

Même s'il avait à peine quatorze ans, Pelao montrait une sagacité peu commune (qu'il garda toute sa vie). Il voyait bien que si, pour mes parents et même mes frères, le voyage était à peine plus qu'un agréable sujet de conversation, un prétexte pour améliorer nos connaissances en géographie et en politique, pour moi il était aussi réel et tangible que le fait qu'un jour je deviendrais biochimiste, un scientifique probe et incorruptible.

À compter de cette année-là, Ernesto soutint toutes mes idées et tous mes projets. Une décennie presque complète passa avant que le plan ne fût mis à exécution et, chaque fois qu'il décelait un fléchissement dans ma résolution, il me servait son petit refrain habituel : « Et alors, le voyage, ça va toujours ? » Ma réponse ne variait pas d'un iota : « Même si rien d'autre n'allait, ça irait toujours, oui. »

Notre amitié se fortifiait d'année en année, et notre besoin de partir se faisait plus impérieux.

Les principaux événements de ces dix années passent devant mes yeux comme à travers un kaléidoscope : le combat des étudiants pour défendre la liberté démocratique et bourgeoise, menacée à l'époque par nos nazis locaux qui, sous couvert de nationalisme, semblaient étendre leur emprise sur le pays ; la persécution et l'emprisonnement des véritables héros du peuple argentin ; l'affrontement entre les étudiants et les professeurs réactionnaires qui nous a motivés pour ne pas finir comme ceux qui, avides de favoritisme, courbaient si facilement l'échine.

C'est durant cette période qu'Ernesto et moi avons commencé à nous intéresser à l'Union soviétique et à son combat titanesque contre les hordes nazies qui tentaient de rayer de la carte le premier pays socialiste du monde. À nos yeux, Stalingrad, Leningrad, Brest-Litovsk et Moscou prenaient une dimension nouvelle. L'héroïsme du peuple russe ne pouvait être réduit au silence par les soi-disant défenseurs de la liberté et de la démocratie.

Les années de guerre ont révélé l'étendue de la malhonnêteté dont s'est rendue coupable la presse capitaliste. Les tissus de mensonges sur la « terreur rouge » et les troubles populaires se sont évanouis devant l'unité du peuple, du gouvernement et du parti communiste russes.

En 1945, j'ai fait mes premiers pas de médecin professionnel. Cela m'a donné l'occasion de travailler dans la recherche, chose à laquelle je n'ai jamais renoncé ensuite, même si, de temps à autre, la vie m'a imposé d'autres priorités. Un an plus tard, j'ai commencé à travailler à la léproserie J. J. Puente de Córdoba. Un monde fascinant s'est ouvert à moi.

Le fléau de la lèpre met ses victimes au ban de la société en même temps qu'elle les rend particulièrement sensibles et reconnaissantes. Quiconque a déjà vu une léproserie ne peut s'empêcher d'être conquis par cette communauté de proscrits. Durant cette période, Ernesto et moi n'avons jamais perdu le contact. Son surnom de Pelao avait été remplacé par celui de Fúser – un diminutif de *furibundo*, ou de Furieux Guevara

Serna –, en hommage à sa ténacité et à sa témérité lorsqu'il jouait au rugby – un sport qui, comme le football avant lui et par la suite le tir, occupait désormais tout notre temps libre.

Un jour, Fúser arriva à l'hôpital éloigné où je travaillais, à des centaines de kilomètres de Buenos Aires. La bicyclette motorisée qu'il conduisait était faite pour les chaussées pavées de la ville, mais Ernesto était parvenu, à force de détermination et de courage, à lui faire traverser des plaines, des montagnes, des déserts.

C'est à peu près à cette époque-là que j'ai acheté *Poderosa II*, une puissante Norton 500cc qui succédait à *Poderosa I*, la bicyclette que j'enfourchais lorsque, étudiant, j'allais distribuer des prospectus dans les manifestations. Elle m'était aussi très utile pour échapper aux policiers qui me couraient après ! Et combien d'excursions vers les rivières, les lacs et les montagnes de ma Córdoba natale je lui dois…

Mes rencontres de hasard avec Pelao confirmaient chaque fois tout ce que nous avions en commun. La littérature nous fournissait le prétexte à d'interminables discussions. Quelques auteurs américains venaient de se faire publier pour la première fois en Argentine, parmi lesquels Erskine Caldwell, Sinclair Lewis et William Faulkner. Tous mettaient à nu dans leurs romans l'hypocrisie de la société capitaliste américaine et les discriminations qu'elle faisait subir aux Noirs et aux Hispaniques.

Notre interprétation des œuvres de Sartre et de Camus, avec leurs implications philosophiques et politiques, nourrissait d'autres conversations à la belle étoile, où nous partagions maté, idées et rêves autour d'un feu de camp.

Presque dix années se sont écoulées ainsi, pendant lesquelles nous nous sommes vus de temps à autre. Mais, loin d'entamer notre détermination, le temps qui passait nous donnait de plus en plus de raisons d'effectuer notre voyage tant désiré à travers l'Amérique latine...

Alberto Granado
La Havane, octobre 1978

Prologue

Leurs mains, serrées en un geste d'adieu, refusent de se séparer. Tous deux s'efforcent, en vain, de dissimuler leur émotion. Nombreux sont les rêves qu'ils ont réalisés, plus nombreux encore ceux qu'il leur reste à accomplir ; la séparation n'en est que plus difficile. Ensemble, ils ont ouvert des chemins, franchi les obstacles qui, obstinément, entravaient leur route. L'un d'eux, justement, vient d'être surmonté.

Enfin, presque au même moment, les mains se desserrent, suivies d'une rapide étreinte. Puis d'un bref adieu qui ne laisse toujours rien percer du sentiment qui les habite.

— Je t'attendrai, Fúser.

— On se retrouvera, Mial[1].

Mial s'assied sur le muret à mi-chemin de la piste de décollage et de l'aire de chargement où piaffent des

---

1. Ce surnom – une contraction de « Mi Alberto » – est celui dont usait la grand-mère de Granado. *(NdT)*

19

chevaux en partance pour Miami. Il observe Fúser dont la silhouette s'amenuise à mesure qu'il approche de l'immense avion-cargo. Fúser grimpe la rampe d'embarquement à la suite des chevaux de course. À mi-hauteur, il se retourne et agite la main droite.

En réponse, Mial se redresse d'un bond. En une fraction de seconde, son indifférence feinte a disparu : il agite les bras et, malgré la distance qui assourdit sa voix, s'écrie :

— Salut, Fúser ! Je t'attendrai, Pelao ! Bon courage pour tes études, Ernesto ! Ciao, ciao !

Le bruit des vérins qui se referment est bientôt couvert par le rugissement des moteurs. Une ou deux minutes plus tard, l'avion survole Mial. Dans un mouvement devenu habituel, il se laisse tomber du muret de l'aéroport de Maiquetía. Assis dans l'herbe, il fouille dans un sac à dos fatigué et en tire un petit carnet soigneusement recouvert de papier rouge. Adossé au muret, il commence à lire…

Un départ sous
de sombres auspices

Córdoba, 29 décembre 1951

Tout commença et survint aussi vite qu'efficacement – c'est de cette façon que j'ai toujours mené mes affaires. Le temps a effacé la date, mais la scène reste gravée dans ma mémoire, intacte et vivace comme au premier jour.

C'était un après-midi ensoleillé d'octobre. Les jeunes pousses et les feuilles de la vigne vierge recouvrant la façade de la maison familiale tentaient de faire de l'ombre à la fidèle compagne de mes randonnées à travers pampas et montagnes : *Poderosa II*, ma vieille moto. Mon frère Tomás avait pris place sur la selle tandis que mon autre frère, Gregorio, m'avait rejoint sur la pelouse où, allongés à l'ombre ténue d'un oranger, nous sirotions le traditionnel maté.

Perdu dans mes pensées, je suivais à peine leur conversation lorsque soudain, comme en conclusion de mes ruminations, je me suis exclamé :

— Tout ça ne me convient plus ! Une voix en moi m'ordonne de préparer quelques affaires et de partir à la découverte de l'Amérique ! Les années que j'ai passées à Chañar, où je voulais venir en aide aux lépreux, ont réussi à étancher ma soif de nouveaux horizons, mais depuis que l'on m'a retiré de ce lieu que j'aimais et où j'étais aimé pour me nommer dans un hôpital où tout est glacé et calculé, où l'on se demande si les malades ont les moyens de payer leurs examens avant de se demander s'ils en ont vraiment besoin, j'ai besoin d'horizons plus vastes !

— Rien de plus simple. Tu fais monter Ernesto derrière et... c'est parti ! intervint Tomás en imitant le bruit d'une moto à plein régime.

J'ai pris sans répondre le maté que Gregorio préparait et en ai avalé une gorgée en me disant à moi-même : pourquoi pas ? Quel meilleur moment pour mettre mon plan en action ? L'énergie est là, le désir aussi : de quoi d'autre ai-je besoin ?

Le grincement de la gourde de maté vide est venu interrompre le cours de mes réflexions. Je l'ai rendue à Gregorio en m'écriant :

— Eh bien ! messieurs, avant la fin de l'année, je ferai ce voyage !

Le soir même, à table, j'ai annoncé la nouvelle à mes parents. Ils ont compris que, cette fois, j'étais sérieux et, au lieu des plaisanteries habituelles, ils ont accueilli ma résolution dans un silence étrangement lourd.

Plus tard, me tournant et me retournant dans mon lit, je me suis demandé si j'avais eu raison. La désapprobation silencieuse de ma famille et de mes amis aurait-elle raison de ma décision ? La sensation d'accomplir mon destin compenserait-elle la souffrance que j'étais sur le point de leur infliger ? Je savais qu'en réalisant mon vœu le plus cher, la joie serait plus forte que la douleur d'être séparé d'eux.

Brusquement, un autre souci m'a assailli : Pelao accepterait-il d'être du voyage ? N'était-ce pas pure folie que de l'embarquer dans mon périple, lui qui était si près de décrocher son diplôme de médecin ? N'était-ce pas une erreur de ma part que d'arracher Ernesto au Dr Pisani, alors qu'il était sans aucun doute promis à un brillant avenir à ses côtés ?

Fúser en personne a apporté la réponse à mes questions. Il est passé à Córdoba pour rendre une visite surprise à son amie de cœur Chichina. Comme je lui faisais part de mon projet, il m'a répondu qu'il se fichait bien de l'avenir que je lui prédisais avec un docteur qui, si brillant fût-il, se débattait dans les contraintes de la vie médicale. Après quoi Ernesto a entamé une danse de guerre, accompagnée de cris de joie : le pacte entre nous était scellé.

Les jours suivants, ce fut un tourbillon ininterrompu de cartes routières, de pièces mécaniques de rechange et de douzaines d'itinéraires échafaudés puis délaissés. Enfin, en dépit de l'opposition silencieuse de mes parents et de celle, nettement plus audible, de mes oncles et de mes tantes pour qui ce voyage était une pure folie, le grand jour arriva.

La moto évoquait quelque gigantesque animal préhistorique. Ses flancs étaient lestés de sacoches en toile imperméable et sur le porte-bagages s'entassait tout le reste de notre équipement, d'un gril pour la viande à nos tentes en passant par nos lits de camp.

Notre itinéraire était ainsi défini : nous prendrions la direction de Buenos Aires, au sud, où Fúser irait dire au revoir à ses parents, puis nous descendrions la côte atlantique jusqu'à Bahía Blanca. De là, nous devions traverser la Pampa et Neuquén pour aller voir les lacs du sud, avant de mettre le cap sur les Andes. Une fois entrés au Chili, nous remonterions au nord, vers Caracas.

La nervosité le disputait à l'excitation. Nous étions cernés d'un essaim bruyant de gamins, intrigués par l'allure de la moto et notre étrange accoutrement. Après quelques clichés pris pour la « postérité », l'heure des adieux a sonné. J'ai serré dans mes bras mes parents qui ravalaient leur émotion et mes frères qui nous observaient avec des yeux chargés d'affection et d'envie. J'ai embrassé ma mère une dernière fois, la remerciant intérieurement de ses efforts pour ne pas pleurer. Sans plus attendre, j'ai démarré le moteur. Ernesto a grimpé à l'arrière et nous sommes partis, tanguant sous le poids de notre chargement. Pelao s'est retourné pour agiter la main et, un bref instant, son mouvement m'a fait perdre le contrôle de la moto : nous avons manqué percuter le tram qui venait de tourner au coin de la rue. Derrière moi, des cris m'ont fait comprendre que nous avions frôlé le drame. Pour éviter tout retard supplémentaire – et malgré les protestations et les coups dans le dos de mon compagnon de voyage –, j'ai accéléré, les yeux rivés sur la route, jusqu'à ce que nous disparaissions dans la circulation, loin de l'anxieuse affection de nos familles et de nos amis. Devant nous s'ouvrait un monde de nouveaux horizons et d'émotions inconnues.

Villa Gesell, 6 janvier 1952

Enfin, j'ai vu la mer ! Et comme j'avais toujours rêvé de la voir : de nuit, par un beau clair de lune.

Je contemple l'immense étendue de l'Atlantique, allongé contre les dunes, admirant la plage et les vagues. Neuf jours seulement se sont écoulés depuis notre départ, mais ce que nous avons déjà vu, appris et vécu me laisse pressentir tout ce que ce voyage – devenu enfin réalité – aura d'important et de magnifique pour notre avenir.

Mais revenons au 29 décembre. Après avoir évité de peu la collision avec le tram, j'ai roulé plein gaz et ne me suis arrêté qu'au bout de vingt ou trente pâtés de maisons. Ernesto était furieux.

— Mial ! Espèce de connard ! m'a-t-il lancé en reprenant difficilement son souffle. J'ai dû me cramponner comme une pieuvre !

J'ai répondu à sa colère comique par un éclat de rire nerveux – et contagieux. Quand nous avons enfin cessé de rire, je lui ai expliqué ce qui me semblait évident : si je n'avais pas redémarré, l'émoi de nos mères nous aurait comme soudés à leur cœur...

Après nous être un peu arrangés, nous avons repris la route. Nous avons eu quelques problèmes, tous causés par les bagages – dont une chute qui eut raison de l'accumulateur –, mais nous sommes finalement parvenus à Ballesteros, presque à l'aveuglette. Là, sous l'auvent d'une modeste ferme, nous avons réparé la moto, puis, après quelques matés, nous nous sommes glissés dans nos sacs de couchage. Une fois allongé, j'eus à peine le temps de savourer la joie de ma première nuit de routard, la fatigue me submergea et mes pensées exaltées sombrèrent dans le sommeil.

Le trajet entre Ballesteros et Rosario s'est déroulé sans incident notable. Nous y sommes restés quelque temps, en compagnie de mes nièces – sur lesquelles l'intelligence et le charme de Fúser firent grande impression. Mais nos aspirations demeurent très éloignées de leurs rêves nourris de feuilletons radiophoniques à l'eau de rose et de médiocres magazines féminins comme *Vosotras*.

En arrivant à Buenos Aires, les parents d'Ernesto nous réservèrent le même accueil que les miens : notre projet de voyage fut accueilli par des sarcasmes, l'échec était assuré… On ne nous épargna pas l'éternel couplet sur le bon chemin, celui que suivait depuis toujours la famille de Fúser. Seule sa mère se montrait moins négative. Elle se contenta d'un :

— Alberto, c'est toi l'aîné, aussi je te demande de me ramener Ernesto à temps pour qu'il termine ses études. Un diplôme, ça n'a jamais fait de mal à personne…

Le 4 janvier, nous avons mis le cap sur la côte atlantique et sommes passés par le parc de Palermo. Comme d'habitude, au bord de la route, on croisait des gens qui vendaient des chiens de toutes races. Pelao, qui voulait apporter un cadeau à Chichina à Miramar, où elle passait ses vacances, est tombé amoureux d'un petit berger allemand et l'a acheté. Il l'a baptisé Come Back, en anglais : sans aucun doute, une promesse déguisée à l'intention de Chichina.

Nous roulions depuis quelques kilomètres sur la grandroute vers Mar del Plata lorsqu'une pluie diluvienne s'est

26

abattue sur nous, nous obligeant à nous abriter dans une laiterie, à quelques centaines de mètres de là. Une fois l'orage apaisé, nous avons repris la route vers l'est, mais ce trajet dans la boue nous a montré les dangers des chemins de terre, si différents des routes autour de Córdoba ou des marais salants que nous connaissions. Nous avons passé cette nuit-là dans une guérite de la police, sur le bas-côté. Le lendemain, après avoir attendu la fin du petit déjeuner de Come Back (qui ne peut boire que du lait), nous sommes repartis pour Villa Gesell – un endroit pour ainsi dire inconnu des touristes. C'est charmant, avec des cabanes toutes simples et de grandes plages où viennent mourir d'énormes rouleaux.

Miramar, 13 janvier 1952

Nous sommes arrivés sur cette plage magnifique voici sept jours. Ce séjour nous a véritablement ouvert les yeux. J'ai lié connaissance avec des personnes issues de classes sociales que je n'avais jusqu'à présent jamais fréquentées, et je dois dire que j'en ai conçu une grande fierté pour mes origines. Je n'avais jamais cherché à me rapprocher des classes favorisées, encore moins à sympathiser avec elles. Leur façon de penser, de raisonner est tout bonnement incroyable. Voici des gens qui sont convaincus que, par droit divin ou quelque chose dans ce goût-là, ils n'ont dans la vie à se préoccuper de rien, hormis leur statut social ou d'inventer les plus stupides façons de tuer le temps. Par chance, Chichina en particulier et les Guevara en général, notamment Ana María, la sœur de Fúser, n'ont rien de commun avec eux.

J'en ai discuté avec Pelao.

— Tu vois, mon ami, ces gens-là me donnent une meilleure image de moi-même. Nous, au moins, nous avons créé quelque chose – une équipe de rugby, un laboratoire de recherches. Nous avons nourri notre intellect. Tandis que ces pantins, avec toutes les possibilités qui s'offrent à eux, tous leurs avantages, gaspillent leur énergie dans des activités vaines, conçues pour leur unique plaisir. Pas étonnant qu'ils aient l'air abasourdis quand tu te mets à leur parler d'égalité ou quand tu leur expliques que les autres aussi ont le droit de vivre. Tous ceux qui évoluent autour d'eux, qui les servent, qui nettoient derrière eux, sont des êtres humains. Eux aussi aimeraient se baigner dans la mer et profiter du soleil.

Le 11 janvier, à la nuit tombée, je suis descendu sur le rivage. C'était inoubliable. Deux paysages différents coexistaient : côté mer, les dunes s'aplanissaient doucement jusqu'à la plage où se brisaient les vagues en un mur d'écume blanche. De l'autre côté, un panorama lunaire, des collines comme des cratères entourant de petites mares dont les eaux frappées par la clarté de la lune reflétaient des arbustes argentés. Merveilleux !

Ce qui me laisse perplexe, c'est que ces personnes qui prétendaient ressentir intimement la beauté de la nuit et de cet endroit ne partageaient pas mon désir fervent de voir le plus de gens possible admirer une telle beauté.

Aujourd'hui, nous sommes allés nager. En sortant de l'eau, nous nous sommes joints au groupe d'amis qui passaient leurs vacances avec la tante d'Ernesto et Chichina. Beaucoup d'entre eux étudient à l'université. Bientôt, la discussion porta sur des questions politiques et sociales. On évoqua la nationalisation des services de santé par le gouvernement travailliste anglais. Ernesto a tenu le crachoir pendant près d'une heure, défendant avec éloquence la nationalisation, condamnant le dévoiement de la médecine tournée vers le profit, la répartition inégale des docteurs en ville et à la campagne, l'isolement scientifique des médecins en zone rurale, qui les amène peu à peu à sombrer dans le commerce – entre autres sujets.

Je me tenais à quelques mètres des débatteurs et je sentais grandir en moi l'affection et l'admiration que j'éprouve depuis toujours pour Pelao. Pour commencer, son environnement socioculturel a beau être le même que ceux des amis de sa famille, les conceptions de sa classe sociale n'ont pas anesthésié sa sensibilité. Plus encore : il prend position contre tout ce qu'ils semblent accepter comme naturel. En l'écoutant avancer des arguments solides et transformer, par ses répliques cinglantes, les objections dérisoires des autres en pures sornettes, je songeai : ce Pelao révèle chaque jour une nouvelle facette. Lui et moi avons déjà à maintes reprises évoqué ces thèmes, mais comme il défendait bien ses points de vue aujourd'hui !

Après avoir réduit à néant ses contradicteurs, Fúser s'est tourné vers moi, a attrapé Come Back et m'a dit :

— Pas la peine d'insister avec ces types, Petiso. Viens, on va donner son bain au chien !

Nous nous sommes éloignés en courant du groupe d'amis qui continuaient à discuter – et s'interrogeaient peut-être quant à la dialectique de Pelao.

Comme je dis toujours : on peut le détester, on peut l'admirer, mais Ernesto ne laisse jamais indifférent.

Necochea, 14 janvier 1952

Aujourd'hui, nous avons repris la route. Nous sommes chez Tamargo – un ancien camarade de fac. Nous avons étudié pendant cinq ans ensemble, nous avons même participé aux luttes étudiantes de 1943 : à l'époque, nous vivions avec quelques autres dans une maison à côté de l'hôpital universitaire et passions notre temps en activités sportives, jusqu'à ce que nous soyons contraints de nous battre contre les gros bras de la police pour aider à la démocratisation de l'Association des étudiants de Córdoba. Nous avons quitté les bancs de l'université voici quatre ans à peine, mais combien nos chemins se sont séparés ! Nous ne nous comprenons plus. Tamargo s'est bien occupé de nous, je ne peux pas le nier – du moins, une fois qu'il s'est remis du choc de me voir débarquer sur une moto pétaradante, les vêtements maculés de graisse et de poussière.

Cela me désespère de voir un jeune homme dont les conceptions, voici quelques années, étaient encore progressistes, se faire peu à peu absorber par la société répugnante dans laquelle il vit. Il sait que tout cela est une erreur, qu'il facture les analyses médicales plus cher qu'il ne devrait, mais il continue de le faire et semble prendre un plaisir morbide à aller contre ce que sa conscience lui dicte. C'est déjà un fossile : une jolie petite maison, une jolie petite épouse et une mentalité de classe moyenne, dans une ville moyenne. Leur couple paraît n'avoir qu'un souci dans la vie : que chaque chose soit à sa place et reste sans tache.

Une vie dénuée d'imagination et de sentiments généreux.

Bahía Blanca, 16 janvier 1952

Nous sommes arrivés à Bahía Blanca où nous ont hébergés des amis d'Ernesto, les Saravia. Nous avons été reçus somptueusement. Puis nous sommes repartis pour atteindre d'une seule traite Necochea, non sans un arrêt à Río Quequén Salado où, à l'ombre de deux saules pleureurs, nous nous sommes fait griller de la viande en guise de petit déjeuner et de déjeuner. Nous avons dû régler les soupapes du moteur car un vent tourbillonnant entraînait de nombreux ratés. C'est le premier petit ajustement que nous avons fait sur *Poderosa II* en presque mille kilomètres.

La Pampa des Ranqueles[1]

Benjamín Zorrilla, 23 janvier 1952

Après l'avoir délaissé pendant sept jours, je reprends le cours de mon pauvre journal.

Nous avons passé trois jours à remettre la moto en état. Nous avons traversé Bahía Blanca et Puerto White, où nous avons tenté sans grand succès de changer nos quelques pesos en monnaie chilienne et péruvienne. Nos 1 100 pesos argentins ne nous ont donné que 200 pesos chiliens et 100 dollars environ. Il nous reste dans les 2 000 pesos, que nous irons changer à Bariloche avec les touristes. Les Saravia nous ont réservé un accueil chaleureux. L'événement le plus pittoresque fut une rencontre de hasard avec un employé de bureau qui nous a proposé une visite guidée de la ville, de nuit. Ce fut une soirée éprouvante. À l'écouter se vanter, nous conter ses bonnes fortunes amoureuses, les contrats prétendument juteux

---

1. Population indienne qui, aux alentours de 1775, s'est installée dans les provinces argentines de San Luis, Córdoba, Santa Fe et Buenos Aires. Ils venaient, à l'origine, des régions qui bordent la cordillère des Andes.

qu'il s'apprêtait à décrocher, et à voir quelle vie il menait, renfermé sur lui-même, nous nous sommes aperçus que nos remarques ironiques et parfois ouvertement moqueuses ne l'atteignaient jamais. Une fois seuls, Fúser et moi nous sommes fait la remarque que, sans ce quelque chose qui nous insufflait l'énergie de la révolte, nous étions probablement destinés au même genre de vie – moi pharmacien d'une petite ville, lui docteur de riches patientes spécialisé dans les allergies.

Le 21 janvier, avant de quitter Bahía Blanca, des gens de la région nous ont prévenus que la traversée des dunes présentait certaines difficultés. Il nous fallait partir à l'aube, lorsque le sable est imprégné de rosée. Comme de bien entendu, c'est à midi, une fois la moto réparée, que nous nous sommes mis en route – car il n'était pas question d'ajourner notre départ au lendemain. Le sable était brûlant. Nous nous sommes offert douze chutes, toutes plus spectaculaires les unes que les autres. Passé Médanos, c'est Fúser qui a piloté. Nous avons fait une nouvelle chute en percutant une dune à pleine vitesse, heureusement sans conséquence dramatique.

Au crépuscule, une lourde pluie s'est mise à tomber, nous obligeant à nous abriter dans une cabane. Nous y sommes restés jusqu'à l'aube. Le 22, nous reprenions la route pour Choele Choel. Elle ressemble beaucoup à celle qui relie Simbolar à Rayo Cortado, dans les montagnes de Córdoba, et que j'empruntais pour aller à la léproserie de Córdoba et en revenir. À midi, totalement fourbus à cause des kilomètres et des kilomètres parcourus sur une route sommaire et accidentée, nous avons fait halte à Pichi Mahuida, un petit village haut en couleur, au bord du fleuve Colorado. Nous avons installé notre barbecue à l'ombre d'un petit bosquet de pins qui s'étendait presque jusqu'à la berge de sable rouge : le plus joli campement que nous nous soyons trouvé jusqu'à présent. Après manger, nous sommes partis pour Choele Choel, mais le carburateur de la moto a commencé à donner des signes de faiblesse et nous sommes tombés en panne sèche. Nous avons dû attendre le passage du premier véhicule susceptible de nous dépanner de quelques litres d'essence. Une fois ravitaillés, nous avons repris la route jusqu'à la gare de Zorrilla. Là, on nous a autorisés à dormir dans un entrepôt à blé. Nous prenons notre maté en compagnie du gardien en nous préparant à partir pour Fort General Roca.

Aujourd'hui, nous avons subi un contretemps sérieux – le pire, en fait, depuis le début de notre voyage. L'asthme de Fúser l'a fait souffrir dès le réveil. Je venais tout juste de terminer d'écrire le précédent paragraphe lorsqu'il s'est mis à trembler comme s'il avait la fièvre. Pris de nausées, il s'est allongé et a commencé à vomir de la bile. Il n'a rien mangé de la journée. Nous nous apprêtons maintenant à partir pour Choele Choel, où se trouve un centre de soins médicaux d'urgence.

Choele Choel, 15 janvier 1952

Tandis que j'écris ces lignes, je songe à la journée du 23 qui m'apparaît comme un lointain cauchemar. Nous avons quitté Zorrilla vers 19 heures, au coucher du soleil. Nous roulions tout doucement pour limiter les secousses de la moto car Pelao avait un mal de crâne tenace. En arrivant au centre de premiers secours – un véritable hôpital régional –, nous avons été accueillis par un infirmier qui nous a grossièrement envoyés voir le directeur, qui vit à plusieurs pâtés de maisons de là. Nous nous sommes présentés – Ernesto, étudiant en médecine, et moi, biochimiste. Le directeur nous a renvoyés à son tour à l'accueil, mais l'infirmier, lorsqu'il a appris nos grades de docteur et « presque docteur », a radicalement changé d'attitude à notre égard. Au lieu du coin de garage où il avait d'abord pensé nous installer, il nous a attribué une chambre avec deux lits et salle de bains attenante. Autrement dit, nous étions passés du rang de traîne-savates à celui de *gentlemen* – comme si le fait de posséder un diplôme nous rendait plus sensibles au froid et au confort que deux humbles ouvriers.

Hier après-midi, la fièvre d'Ernesto était presque tombée. J'en ai profité pour sortir faire un tour dans les rues de Choele. Passant sur le pont du Río Negro, je me suis accoudé au parapet et ai laissé mon imagination vagabonder. Je pensais à ceux que j'avais laissés à la maison, puis j'ai échafaudé un plan pour partir un jour tous les cinq en Europe – traverser l'Espagne, l'Europe centrale, voir le Danube et l'URSS, entendre sonner les cloches du Kremlin, tout comme je l'avais expliqué à mon compagnon de cellule Corcho González, lors de mon séjour en prison en 1943.

Ma promenade s'est poursuivie jusqu'aux parcelles de terrains aux abords de la ville. Je me sentais heureux car rien ne réjouit tant le cœur d'un homme que d'avoir réalisé ses rêves. Je songeais à tous ceux à qui j'avais un jour confié mes projets, alors à l'état de fantasmes – en particulier aux jeunes femmes qui voyaient dans ce voyage un rival redoutable : Tomasita et Pirincha, à Villa Concepción[1] ; Negra, Delfina et Turca à Chañar ; et à toutes ces autres, cantonnées dans leur morne existence sans y trouver rien à redire. Moi aussi, mon existence avait ressemblé à la leur, mais j'étais conscient de vivre une période de transition. Aujourd'hui que ma nouvelle vie a débuté, je ne regrette en rien la précédente.

J'ai repris ma joyeuse balade et suis parvenu près d'un marais bordé de roseaux. Dans les fourrés, j'ai cru voir trottiner de petites créatures semblables à des marsupiaux, habitants de mondes mystérieux, encore inconnus – mais ce n'étaient que des foulques travesties par mon imagination.

La grêle avait ravagé les terres quelques jours plus tôt. L'herbe était jonchée de pommes et de poires encore vertes. J'ai acheté à l'un des jardiniers quelques pêches à partager avec Fúser, puis un camion m'a pris en stop sur le chemin du retour. Quelques minutes plus tard, j'étais à l'hôpital. Je dînai, laissai les pêches à Fúser qui dormait et me remis à écrire.

Chichinales, 27 janvier 1952

Nous sommes repartis hier, pleins de santé et les poches vides. À midi, après avoir traversé toutes sortes de villes au nom indien – Chelforó, Quequén, etc. –, nous sommes arrivés à Chichinales. Les noms de lieux

---

1. Villa Concepción del Tío : petite ville de la province de Córdoba où l'auteur a vécu et travaillé comme pharmacien de mai 1946 à avril 1947.

sont tout ce qui subsiste de cette race indomptable depuis que Buenos Aires, Paris et Londres ont envoyé leurs armées de gauchos pour « civiliser le désert » – et, tant qu'ils y étaient, exterminer les Indiens et leur voler leurs terres.

Après plusieurs retards dus à des crevaisons, nous avons atteint Cipolletti, l'une des villes importantes de la province de Neuquén. Les premiers signes de technologie et de labeur humain apparaissent dès les faubourgs : les rivières ont été canalisées, les terres autrefois stériles sont aujourd'hui fertiles et fécondes. Là où proliféraient des broussailles poussent désormais des arbres fruitiers et des vignes sur plusieurs hectares.

Après avoir essuyé plusieurs refus, nous avons fini par loger pour la nuit dans une cellule vide du commissariat de police. Dans la cellule voisine, deux prisonniers se régalaient d'un dîner fastueux. Il s'agissait de spéculateurs qui, grâce à quelques bouteilles – pour eux, trois fois rien –, s'étaient assuré la servilité abjecte de leurs gardiens, afin d'adoucir leur séjour déjà bref.

C'est un processus logique, puisque l'amende payée par ces deux escrocs – qui se prétendaient « négociants » – ne fait que passer des petits coffres où elle se trouvait aux grands coffres des quatre ou cinq arrivistes occupant des fonctions officielles, avant d'atterrir dans les coffres plus grands encore des oligarques du pays et des banques étrangères. Ce sont, comme toujours, ces derniers qui profitent de l'argent amassé grâce au labeur des petites gens. Alors que cet argent devrait venir renflouer les caisses du pays pour permettre d'améliorer l'éducation de son peuple, qui pour le moment est surtout sensible aux beautés de l'alcool, du football et des courses de chevaux. Depuis des siècles, les petites gens ont été conditionnés par le même discours entendu à l'école, à l'église ou dans la presse – trois entités dirigées par les plus riches et les plus puissants. Le peuple a été privé de toute possibilité de prendre conscience de sa propre force car cela risquerait de l'inciter à se révolter pour vivre une vie meilleure.

Alors que j'en discutais avec Ernesto, il m'a surpris une fois de plus par une de ces remarques incisives dont il a le secret :

— Ainsi va la vie, Petiso… La pièce de monnaie aura toujours deux côtés : pile et face. D'un côté la beauté d'un paysage, la fertilité d'une terre, de l'autre la pauvreté de ceux qui la travaillent. La noblesse et la générosité des plus humbles, la méchanceté et la mesquinerie des propriétaires terriens et de ceux qui dirigent le pays.

Ses paroles se sont profondément gravées dans mon esprit et résonnaient encore en moi lorsque, malgré les vociférations des deux escrocs à moitié ivres de la cellule voisine, je sombrai dans le sommeil. « Pile et face, pile et face, pile et face… »

Sur la route de Piedra del Águila, 28 janvier 1952

Nous sommes partis de Cipolletti à 9 heures. Après nous être ravitaillés à Neuquén, nous avons roulé jusqu'à l'*estancia* de Cabo Alarcón, où nous avons déjeuné. En remontant en selle, nous avons été surpris par un violent vent de sud, dont les rafales nous fouettaient sans relâche. La route est rude, le paysage âpre. Les collines pelées succèdent aux plaines couvertes de broussailles rabougries ; à perte de vue, une immense solitude. Sur des kilomètres, on ne croise pas la moindre habitation, pas le moindre animal – rien du tout. Tout en conduisant, je songeais : nous savons qu'au-delà de cette route désertique, la beauté des lacs andins nous attend, mais que devaient penser les pionniers qui ont parcouru ce trajet sans savoir quand ni où ils arriveraient ?

Mon esprit vagabondait toujours quand nous avons fait halte à Picún Leufú pour prendre de l'essence. Puis direction Bajada Colorada, dans un paysage toujours plus aride, balayé par un vent toujours plus cinglant. Au lieu du sable qui nous avait fouetté le visage, c'étaient désormais de petits cailloux soulevés par des tourbillons de poussière qui venaient frapper notre buste et nos lunettes de conduite. Quelques kilomètres avant Bajada Colorada, les premiers contreforts de la cordillère apparurent, avec leurs côtes abruptes et leurs descentes soudaines.

Arrivés à Bajada Colorada, nous nous sommes rendus au bureau local de l'Automobile Club d'Argentine. L'accueil – une fois n'est pas coutume dans ce genre d'établissement – a été déplorable. Nous avons fait la connaissance d'un groupe de pilotes de rallye chiliens : tous se plaignaient du peu d'aide reçu de cette association pourtant censée proposer assistance à ses membres souscripteurs. La bureaucratie y règne et se sert de l'argent des abonnements pour payer à ses responsables des voyages à l'étranger, où ils organisent des courses générant d'importantes rentrées d'argent qui ne profitent que très peu aux adhérents auxquels l'ACA doit d'exister.

Nous sommes repartis jusqu'à Piedra del Águila. À cause des collines de plus en plus denses, nous nous sommes retrouvés plongés dans l'obscurité plus tôt que les jours précédents. Nous nous sommes engagés dans une allée bordée d'arbres en pensant qu'il s'agissait de l'entrée d'un ranch. Au bout de cinq cents mètres, le chemin se perdait dans les broussailles. Nous avons garé la moto et continué à pied en direction de ce qui nous apparaissait, dans la pénombre, comme une maison. C'était en réalité les ruines d'un ancien fortin, Nogueras, poste avancé de l'armée de Buenos Aires en territoire indien. Le crépuscule était déjà dense lorsque nous sommes retournés vers la moto et avons rattrapé la route principale, cinglés par un vent qui, après l'allée bordée d'arbres, nous semblait encore plus violent.

Après quelques kilomètres de route presque à l'aveuglette, la moto est tombée trois fois de suite dans des nids-de-poule – et lorsque nous sommes sortis du dernier, je me suis senti projeté en avant : le guidon de *Poderosa II* s'était brisé en deux. Dans la plus grande fébrilité, nous avons essayé de monter notre tente, mais les rafales de vent nous en empêchaient. Finalement, nous avons appuyé la moto contre un poteau télégraphique, nous y avons attaché une extrémité de la tente et tendu le reste de la toile pour dresser une sorte de rempart entre le vent du sud et nous. Coincés entre la moto et la toile de tente, nous avons préféré ne pas allumer de feu et c'est donc après avoir enfilé tous nos vêtements que nous nous sommes glissés dans nos sacs de couchage. Avant de tomber dans les bras de Morphée, je murmurai, ironique, à l'oreille de Fúser :

— Cette fois, on dirait bien que la pièce est tombée sur la tranche.

Piedra del Águila, 29 janvier 1952

Aujourd'hui, après avoir réparé le guidon à l'aide d'un assemblage en fil de fer, nous sommes arrivés tant bien que mal en ville, où nous avons fait ressouder le guidon. Après avoir cherché sans succès un hébergement, nous avons demandé si nous pouvions passer la nuit dans le garage où la réparation avait eu lieu. Et la seconde nuit inconfortable de notre voyage se déroule donc dans la fosse de graissage de l'atelier.

Sur la route de San Martín de los Andes,
30 janvier 1952

Arrivés au bord du fleuve Collón Cura, nous avons emprunté un bac tracté par un câble qui l'empêche d'être renversé par la force du courant. Sur l'autre rive, nous avons roulé pendant quelques kilomètres avant de trouver un chemin menant à une *estancia*. Nous y sommes entrés, désireux d'acheter de la viande, et avons trouvé là, par pur hasard, la preuve de l'avancée des junkers allemands – des nazis – en Patagonie, un sujet évoqué au début de la Seconde Guerre mondiale mais vite enterré : le propriétaire, un Allemand assez jeune, ressemble à un officier prussien. Son nom ne fait pas mystère de ses origines : von Puttkammer[1].

---

1. En réalité, la famille von Puttkammer a toujours protesté s'être installée en Argentine longtemps avant la Seconde Guerre mondiale.

Le bâtiment principal est construit comme une maison de la Forêt-Noire. Les von Puttkammer ont même introduit dans la région des cerfs qui, au fil des ans, se sont acclimatés et reproduits. Nous avons exploré le domaine autant que nous avons pu, mais il est extrêmement vaste. Le fleuve Chimehuin, qui le traverse de part en part, est typique des cours d'eau en montagne : torrentueux, profond, d'une pureté cristalline et peuplé de truites arc-en-ciel.

Oubliant l'Allemand et toutes nos conjectures, nous nous sommes abandonnés aux joies ensorcelantes de la pêche. L'un des journaliers nous a prêté un équipement et nous avons attrapé plusieurs truites. Sur le chemin du retour, nous sommes tombés sur une cerisaie en fruit. Pelao a mangé une poignée de cerises, mais, pour ma part, j'ai tellement bâfré que le soir venu j'étais incapable d'avaler le moindre morceau de poisson ou de viande que Fúser avait fait griller… et qui sentaient si bon ! J'ai dû me résigner à consacrer ma nuit et la journée suivante à une copieuse diarrhée…

Sur les rives du lac Nahuel Huapí, 8 février 1952

Il est presque 20 heures. Voici une semaine, nous faisions notre entrée à San Martín de los Andes, et nous voilà ce soir devant un lac situé à quelque 90 kilomètres de Bariloche. Il y a encore quelques minutes, le Nahuel Huapí était d'une belle teinte bleue. À présent que le soleil se couche, il s'est transformé en une mince nappe aux reflets argentés. De l'autre côté du lac se dressent, majestueuses, les Andes, dont une brume bleuâtre rehausse encore la beauté. Tandis que j'observe le soleil s'effacer peu à peu derrière deux cimes enneigées, je m'efforce de coucher par écrit tous les événements survenus depuis une semaine. Pour moi, même les détails les plus infimes ont été cruciaux.

Le jeudi 31, nous avons passé la nuit dans un abri du Parc national de San Martín. L'intendant est un homme avenant, très soucieux de la protection de la flore et de la faune. Nous avons également fait la connaissance de Don Olate, le veilleur de nuit – un poème à lui tout seul. C'est un gaucho typique, qui accuse un quintal et demi et éprouve les pires difficultés à se déplacer. Assoiffé de conversation et de vin rouge, il tenait à tout prix à ce que nous restions. Nous avons dormi sur place. À l'aube, équipés d'un sac à dos rempli de provisions, nous sommes partis à la découverte du lac Lacar. Serti dans un écrin de montagnes aux parois couvertes d'arbres immenses, il offrait un spectacle dont la sérénité et la beauté primitive me subjuguèrent.

Pendant que nous buvions notre maté en savourant la vue, nous commençâmes, Pelao et moi, à rêver tout haut : nous implantions dans la région un laboratoire de recherches médicales qui, grâce à un hélicoptère, approvisionnait chaque matin les différents centres de soin de la région. Nous avons fini par mettre un terme à nos rêveries car il était temps de retourner à notre campement. Là, nous avons accepté d'aider Don Olate à préparer l'agneau rôti servi lors du déjeuner offert par l'ACA à un groupe de pilotes. Le restant de la matinée fut consacré à la récolte de bois, à l'allumage du feu et à manier la broche sous l'œil expert de Don Olate. Comme nous nous y étions attendus, il s'est soulagé sur nous de tout son travail, mais nous y avons pris un tel plaisir…

Nous ne nous sommes pas privés de goûter l'agneau ni de l'accompagner abondamment de vin. Bientôt, nous eûmes la brillante idée de soustraire de la réserve trois bouteilles pour notre compte. Fúser feignit d'être saoul et, les bouteilles cachées sous notre chemise, nous allâmes les mettre en lieu sûr – dans une ornière près de la route. Pas peu fiers de notre exploit, nous sommes retournés bavarder avec une nouvelle connaissance, Don Pendón, incarnation parfaite de l'hermaphrodite : un homme chez qui tout – la voix, les cheveux, la poitrine, la démarche – évoque la femme. Son code génétique doit contenir plus de X qu'un manuel de mathématiques !

Au fil de la conversation, nous lui apprîmes que nous venions de Córdoba. C'était justement de cette ville qu'étaient originaires certains des employés de la société de construction où travaillait Don Pendón, et notamment Luis Loyola.

— Il vient de Villa Concepción del Tío, dis-je, et c'est un ami à moi. Si vous le voyez, dites-lui que Granado est ici.

La nuit était tombée. Nous avons récupéré les restes d'agneau pour notre repas du soir, en attendant patiemment que tout le monde soit parti, puis, très contents de nous, nous sommes allés chercher les bouteilles. Mais elles avaient disparu.

Le 3 février, nous sommes allés assister aux courses automobiles – nos talents de rôtisseurs nous ayant valu deux tickets d'entrée. Mais le spectacle était des plus ennuyeux. Sur le chemin du retour, une jeep s'arrêta à notre hauteur : c'était Don Pendón, qui nous amenait Luis Loyola.

Après les embrassades et les questions d'usage, nous sommes allés boire un verre dans un bar où nous attendaient mes amis de Villa Concepción del Tío, Tomasito León, Horacio Cornejo et Alfredo Moriconi. Ils étaient ravis de me revoir et je me sentais ému et heureux. Nous avons trinqué à la santé les uns des autres puis décidé de nous rendre à Junín de los Andes, où ils habitaient. Nous avons donc laissé notre tente et nos lits de camp à San Martín et sommes repartis, eux en jeep, nous à moto. Une fois chez eux, nous avons mangé comme des animaux et dormi comme des bûches. Le lendemain, ils nous ont emmenés sur leur lieu de travail, après avoir réparé solidement le guidon de *Poderosa II* grâce à un poste de soudure à arc.

Le soir venu, nouveau barbecue d'agneau généreusement arrosé d'un délicieux petit vin local. Un excellent dîner, mais le plus important pour moi était l'affection de mes vieux amis et leur désir de partager avec nous ce somptueux repas. Nous nous sommes rappelé les soirées dansantes et les pique-niques que j'aimais organiser – et qui, à les en croire, ne se sont jamais reproduits. On ne m'épargna aucune de mes conquêtes amoureuses, de Tomasita à Pirincha en passant par Liebre et Gorda, les sœurs de Tristán et Horacio. En comparaison, Casanova était pour ainsi dire un amateur !

Toutefois, en présence du frère de l'une de mes supposées petites amies, je préférai changer de sujet. Nous avons attaqué de plus belle grillades et bouteilles de vin. En hommage au bon vieux temps, nous avons offert à la femme d'Horacio – et la mère de deux petits Cornejo – une sérénade *a cappella*… qui l'a tirée de son sommeil ! La fête s'est poursuivie jusqu'à l'aube, et lorsque nous nous sommes réveillés, l'heure tardive et une terrible gueule de bois nous empêchèrent de reprendre la route. Un nouveau dîner, d'adieu celui-là, fut organisé, qui se termina par un toast au champagne. Pelao n'en revenait pas de voir quel bon souvenir j'avais laissé dans cette ville. À vrai dire, moi non plus.

Le 6, après nous être mutuellement promis de nous retrouver à Villa Concepción del Tío un 8 décembre, jour de fête du saint patron de la ville, nous sommes repartis vers San Martín de los Andes.

La route sablonneuse était en piteux état, nous contraignant à rouler lentement sans pour autant nous éviter de tomber à plusieurs reprises, même si les chutes étaient sans gravité. Peu à peu, le paysage et le chemin se sont améliorés. Une route sur une corniche, aussi dangereuse que pittoresque, nous a menés au lac Carhué Chico, puis quelques kilomètres plus loin au lac Carhué Grande. C'est un endroit majestueux, entouré de hauts pics montagneux dont la plupart sont couverts de neiges éternelles. Aussitôt, nous avons souhaité en escalader un. Nous avons laissé la moto sous la surveillance d'un garde forestier, auquel nous avons acheté deux pains tranchés avant d'entamer notre ascension.

Nous avons remonté le cours d'un torrent qui se jette dans le lac. Sur toute sa longueur, le courant est barré par des arbres abattus par la foudre ou le vent – *coïgues*, hêtres nains, chênes, frênes… L'eau se faufile à travers ces obstacles ou bondit par-dessus.

La côte est devenue de plus en plus raide et le torrent s'est transformé en une grande cascade. À cet endroit, nous avons dû nous éloigner du cours d'eau et nous enfoncer dans un champ de roseaux à l'ombre d'arbres gigantesques.

Après quatre heures de progression ardue, nous avons atteint la zone boisée du versant montagneux et bifurqué vers l'escarpement apparemment inaccessible qui se dressait devant nous. Nous nous sommes mis à quatre pattes, nous accrochant aux rochers et à tout ce qui pouvait nous servir d'appuis.

À quelques mètres du champ de neige qui couronnait la cime, Ernesto, qui ouvrait la marche, agrippa un affleurement rocheux qui manqua se détacher sous ses doigts. Il tenta, d'un geste désespéré, de le maintenir en place car sa chute aurait irrémédiablement entraîné la sienne. Je me suis précipité pour l'aider à le soutenir d'une main, mais sans appui stable nous courions tous deux le risque d'être précipités en arrière. Au terme d'un violent effort, nous nous sommes brusquement dégagés, lui à gauche, moi à droite, pour laisser la roche dégringoler entre nous. C'est seulement en la voyant s'écraser, rebondir sur la paroi et voler en éclats quelques centaines de mètres en contrebas que je compris à quel danger nous venions d'échapper.

Après nous être offert un bref repos, nous sommes repartis et, bientôt, nous pouvions admirer l'immense panorama qui s'étendait à nos pieds. Une bataille de boules de neige et trois ou quatre photos plus tard, nous avons entrepris de redescendre.

Nous étions ravis de notre petit succès, mais nous n'avions aucune idée des obstacles qui nous attendaient avant d'arriver au terme de notre aventure. Comme à l'aller, nous avons suivi un torrent alimenté par la fonte des neiges en nous rattrapant aux branches des myrtes qui, à cette altitude, prolifèrent comme des broussailles. Elles étaient si denses que nous devions presque ramper sous elles, coincés entre la paroi et l'abysse qui s'ouvrait sur le côté.

Notre progression était de plus en plus lente. Le soleil était en train de se coucher lorsque nous nous sommes soudain retrouvés au bord d'une crevasse qui tombait à pic. Le choix, dès lors, était simple : ou nous faisions demi-tour, manœuvre suicidaire, ou nous tentions de gravir la paroi montagneuse en nous aidant des branches et des *coïgues*, jusqu'à ce que nous trouvions un passage. Fúser partit le premier.

Quelques mètres plus haut, un chemin étroit descendait vers les bois qui couvraient le versant. Tandis que je suivais mon ami, je sentis la pierre sur laquelle j'avais posé la pointe de ma chaussure se dérober. Je me raccrochai avec la force du désespoir aux arbustes qui poussaient dans les fissures de la paroi – et constatai avec angoisse que leurs maigres racines commençaient à se détacher. Par chance, mes pieds et mes mains trouvèrent en même temps des anfractuosités grâce auxquelles je pus me ressaisir et reprendre mon souffle. C'est alors qu'au-dessus de moi, Fúser, alarmé par mon retard, se retourna et, me tendant la main, me hissa vers lui, pantelant. Je me rendis compte que j'avais perdu mes lunettes, tombées pendant que je me débattais. Les derniers rayons du soleil les faisaient luire tout en bas. On aurait dit que, d'un clin d'œil, elles me disaient :

— Tu l'as vraiment échappé belle !

Notre descente s'est poursuivie dans les bois et les champs de roseaux, désormais plongés dans l'obscurité. Nous butions contre des troncs d'arbres couchés, nous relevions, tombions de nouveau. Nous étions épuisés, mais, plus sûrement encore, de fort belle humeur : les plaisanteries fusaient à chaque chute ou chaque fois que nos vêtements s'accrochaient dans les broussailles. Il était 23 heures quand nous avons enfin retrouvé le torrent du départ. En suivant la berge, nous sommes arrivés peu après face au magnifique spectacle du lac illuminé par la lune. Même impatients de rentrer, nous n'avons pu nous empêcher de nous asseoir à la lisière d'un bois pour admirer la beauté du lac et des montagnes environnantes. Pris dans la lueur argentée de la lune, les arbres paraissaient pétrifiés. Finalement, nous avons atteint la cabane du garde forestier qui nous laissa dormir dans la cuisine.

Au matin, après avoir longé les rives du lac Lolog, nous sommes retournés à San Martín de los Andes. Là, nous avons récupéré notre équipement et avons repris notre périple. Passé le lac Macheuco, le lac Villarino, le lac Hermoso puis le lac Tormentoso, nous avons décidé de marquer une pause et d'établir notre campement au prochain lac. Ce fut, quelques kilomètres plus loin, l'Espejo Grande. La beauté et le calme qui s'en dégagent sont indicibles, mais son nom suffit : le Grand Miroir. Là se produisit un incident amusant qui, une fois de plus, démontre l'aptitude d'Ernesto à agir de façon décisive sur une impulsion subite.

Nous nous étions installés sous un myrte en fleur qui avait poussé presque au bord du lac. Nous avions mangé de la viande en conserve et choisi de combler ce qui nous restait d'appétit avec du maté et du pain rassis. Soudain, un marcheur fit son apparition. Nous l'avons invité à s'asseoir avec nous et à partager notre maté. Après avoir accepté, il se lança dans une longue improvisation, tantôt dialogue, tantôt monologue. Il chanta les louanges de la moto, nous demanda combien avait coûté *Poderosa II*, quelle était sa cylindrée ; puis il manifesta un vif intérêt pour nos sacoches, s'enquit de la qualité de nos vestes en cuir... Il faisait presque seul les frais de la discussion et ne s'attirait de ma part que des réponses abruptes car je ne voulais pas encourager sa logorrhée. Fúser, lui, gardait le silence et observait l'infusion du maté. Notre convive nous mit alors en garde contre un voleur chilien qui écumait la région. Dormir à la belle étoile dans ces conditions n'était pas recommandé car cet homme pouvait aisément nous délester de notre moto, de nos vêtements et de notre argent. Je hasardai une remarque qui me sembla sur le coup justifiée. Impassible, tel le Sphinx, Fúser continuait de surveiller le maté, tout en observant des canards qui batifolaient près du rivage.

L'homme continuait à parler du Chilien et tentait d'arracher quelques mots à Pelao. C'est alors qu'Ernesto tira de sa botte un petit Smith & Wesson et, presque sans viser, tira sur un des canards qui poussa un cri aigu et bascula, inerte, sur le côté. Stupéfait, notre visiteur se releva d'un bond, abandonna son maté et bredouilla un au revoir hâtif. En le voyant décamper de la sorte, Fúser partit d'un grand rire.

Comme nous ne voulions pas dresser la tente pour une seule nuit, nous nous sommes allongés à côté de la moto, la toile de tente tendue au-dessus de nous.

À l'aube, nous nous sommes mis en route pour Bariloche. Onze heures de route plus tard, nous contemplions le célèbre lac Nahuel Huapí, où nous nous trouvons à présent.

Tenter de le décrire reviendrait à enfiler cliché sur cliché. Comment traduire par des mots les métamorphoses colorées de l'eau et du ciel, la majesté des cimes enneigées, la sérénité qui émane de ce paysage ? Tout ce que je puis dire, c'est que, sans un mot, nous avons de nouveau quitté la route pour nous asseoir juste au bord de l'eau. Là, nous avons attendu que meurent les rayons du soleil tout en admirant la grandeur du spectacle qui se déployait devant nos yeux. Bientôt, les flammes de notre feu de camp furent la seule lumière visible sur le rivage. À leur lueur de plus en plus faible, nous distinguions à peine la couronne fleurie du myrte sous lequel nous nous préparions à dormir.

La parfaite machine
de l'exploitation

Sur la route de Bariloche, 9 février 1952

Aujourd'hui, en raison d'incidents mécaniques, nous n'avons parcouru que quarante des cent kilomètres qui nous séparent de Bariloche. Nous avons perdu une journée complète, encore que ce que nous avons vu et entendu en vingt-quatre heures vaille bien ce contretemps.

Pour réparer la moto tranquillement, nous l'avons poussée jusqu'à un petit groupe de maisons au bord de la route. Bientôt, nous faisions la connaissance de quelques habitants et constations qu'ils n'étaient pas de la région mais venaient de Santiago et La Rioja – à presque deux mille kilomètres de là. Surpris, nous avons peu à peu amené la conversation sur le motif de leur présence, et c'est ainsi que nous avons découvert l'odieuse forme d'exploitation pratiquée par les propriétaires argentins, allemands, juifs et yankees de cette région agricole extrêmement prospère.

Sur toute sa superficie, environ 200 000 km², elle est recouverte de riches pâturages et de zones boisées qui permettent un élevage de moutons à grande échelle, en se passant presque entièrement de main-d'œuvre. Chaque fermier dirige deux ou trois ouvriers agricoles qui, chacun avec sa famille, sont disséminés sur ses terres. Ils doivent parcourir de longues distances à cheval pour repérer les éventuels moutons blessés ou les brebis qui peineraient à mettre bas – des tâches mineures, en somme, car ces tyrans sont aussi roués qu'insensibles. Ils sont à l'origine de l'extermination du renard roux – le seul prédateur sauvage du mouton – depuis qu'ils ont offert une récompense d'un peso argentin pour chaque mâle tué et de cinq pesos pour chaque femelle. En quelques années, toutes les femelles ont été massacrées et l'espèce pratiquement anéantie. Autrement dit, la fortune des propriétaires terriens s'est accrue sans qu'ils aient eu besoin d'investir en équipement, employés ou ouvriers.

Il est toutefois une époque de l'année où ils ont besoin de quantité de main-d'œuvre : la période de la tonte. Là encore, la parfaite machine à exploiter se met en marche. Des centaines d'annonces proposant un travail, l'hébergement et un bon salaire sont distribuées aux alentours de Chubut, Neuquén, au sud de la région de Buenos Aires, à Córdoba, à Mendoza et même aussi loin que Santiago del Estero, San Juan et La Rioja. Ceux qui ont déjà un travail dans la région ne tombent pas dans le panneau, mais les chômeurs des autres provinces arrivent en nombre, seuls ou en famille. Des centaines de Chiliens affamés viennent grossir les rangs. C'est dans ces moments-là que le vrai visage du capitalisme apparaît.

Cinq cents tondeurs, voire plus, se présentent à l'*estancia*, alors que seuls trois cents sont nécessaires.

Le patron, méprisant royalement la législation syndicale, en profite pour faire jouer la concurrence. Au lieu de s'unir en disant : « Personne n'accepte un salaire inférieur à celui promis, les moutons n'ont qu'à garder leur laine ! », les pauvres travailleurs se sentent obligés d'accepter des arrangements douteux et, au final, de travailler pour un salaire bien plus faible. Dans certains cas – comme pour les gens que nous avons rencontrés –, les ouvriers ne rentrent pas chez eux après la saison de la tonte mais occupent des petits boulots ici ou là dans l'espoir d'être les premiers à être embauchés pour la prochaine tonte.

À mesure que nous découvrions la façon dont ces gens réduits à la plus grande pauvreté étaient exploités, nous sentions combien cette injustice nous remplissait de haine. Mais ce n'est pas tout. Comme nous demandions où se trouvaient les troupeaux, ils nous répondirent : au bord des fleuves. Ainsi, la laine peut être directement transportée par bateaux jusqu'aux ports d'où elle sera expédiée vers les marchés européens.

Le pillage n'aurait pu être mieux organisé. Les propriétaires de la terre n'ont pas à se préoccuper de son entretien ou de son expansion, puisqu'elle s'étend sur des millions d'hectares. Ils n'ont pas besoin d'investir énormément d'argent dans des salaires puisqu'ils ont sous la main des milliers de chômeurs corvéables à merci. Ils n'ont pas besoin de construire de routes puisque les fleuves remplissent cette fonction, et la laine peut aller directement dans les grandes capitales étrangères, où les nantis jouent au polo et roulent en Alfa Romeo ou en Bugatti. Et l'Argentine n'a plus qu'à voir son peuple exploité et sa faune, comme sa flore, dévastée.

— Tu as raison, Ernesto. Pile ou face. Des hommes et des pays appauvris et exploités au profit des capitalistes locaux et étrangers.

Bariloche, 11 février 1952

Hier, nouvelle journée avec des hauts et des bas, qui s'est terminée par un incident tragi-comique.

Après avoir fait nos adieux aux travailleurs, nous sommes partis pour la ville voisine – décidément difficile à rallier – de Bariloche. Nous roulions depuis quelques kilomètres lorsque, au moment où nous allions attaquer une montée, la chaîne de ma moto s'est cassée. Nous avons tenté de la remettre en place, mais après plusieurs heures nous avons renoncé. Il devait être midi quand un jeune gaucho d'une dizaine d'années, montant un beau poney, est venu nous dire qu'en haut de la côte, à moins d'un kilomètre, se trouvait une *estancia* où il travaillait comme assistant du responsable des chevaux de polo.

Je m'y rendis à pied et demandai si nous pouvions leur apporter la moto. Une femme, qui dirigeait ou possédait l'*estancia*, me donna son accord. Elle était flanquée d'un magnifique fox-terrier qui ne cessait de grogner.

Pousser la moto jusqu'en haut de la côte abrupte nous coûta des efforts surhumains. Par moments, nous nous sentions si épuisés que bouger *Poderosa II* nous paraissait impossible. Une fois parvenus au sommet de la colline, nous avons posé la moto contre un tas de paille et sommes restés longuement assis, recouvrant nos forces.

Puis, sous l'œil toujours vigilant du fox-terrier qui aboyait chaque fois que nous approchions de la moto, nous avons dressé un feu de camp et, tout en buvant quelques matés, avons discuté avec quelques journaliers. Nous avons remplacé quelques maillons de la chaîne cassée par ceux d'une chaîne de moteur de tracteur. Bientôt, la discussion tomba sur un sujet que nous avions déjà entendu : la présence d'un puma chilien (nous n'avons jamais réussi à savoir comment ils le distinguaient du puma argentin) qui donnait des cauchemars à tous les gardiens du domaine.

Nous avons essayé de redémarrer la moto. Notre chaîne de fortune tenait bon. Les journaliers nous ont alors proposé de déjeuner à leur table – comme toujours, les petites gens ont un sens de la générosité et de l'hospitalité dont sont dépourvus les riches propriétaires terriens.

À la nuit tombée, nous avons grimpé dans le grenier à foin et nous sommes endormis aussitôt, à bout de forces après les efforts de la journée. Soudain, un étrange bruit nous tira de notre sommeil. Par l'embrasure de la porte, deux yeux brillants apparurent. À moitié réveillé, j'entendis Ernesto – toujours aussi vif et sur la brèche – tirer un coup de feu avec le revolver rangé dans la sacoche qui lui servait d'oreiller. Aussitôt, un hurlement se fit entendre.

— On dirait bien que tu as eu le puma, Pelao ! dis-je, et nous ne tardâmes pas à nous rendormir.

À l'aube, ce furent les cris de douleur de la propriétaire de l'*estancia* qui, cette fois, nous réveillèrent.

Elle venait de trouver son chien, étendu raide, une balle dans la tête. Elle était si folle de rage qu'il valait mieux ne pas chercher à lui expliquer ce qui s'était passé. Elle déversa sur nous un flot d'injures, ne s'interrompant que pour gémir :

— Mon pauvre petit chien !

Sans rien ajouter, nous avons récupéré nos affaires et, la moto refusant de démarrer, nous avons descendu en roue libre l'autre versant de la colline, poursuivis par les insultes et les lamentations de la pauvre femme, serrant dans ses bras le cadavre de son chien.

En arrivant aujourd'hui à Bariloche, nous avons un peu tourné en rond avant de nous installer pour la nuit dans les baraquements de la Garde nationale – un corps d'armée chargé de surveiller les frontières, en réalité un instrument de répression à la merci des différents gouvernements, quels qu'ils soient. En apparence, il semble distinct de l'armée argentine, mais, bien entendu, il reçoit ses ordres de l'oligarchie au pouvoir et des puissances étrangères qui la manipulent.

Ce soir, nous avons dîné avec les soldats de garde. Un marin se trouvait parmi eux. Il avait fait le mur à Calcutta, mais il avait été repris et devait être ramené à Buenos Aires via le Chili. Il nous peignit un tableau haut en couleur de ses aventures à bord d'un navire battant pavillon panaméen qui longeait les côtes des Caraïbes, puis du voyage monotone et interminable qui l'avait mené du canal de Panamá aux côtes chinoises, de la vie sordide dans le port de Hong Kong, dont les habitants affamés attendent, sur leur jonque, de récupérer des détritus jetés par-dessus bord depuis les bateaux étrangers – et, comme des mouettes, se disputent le moindre déchet.

Bariloche, 12 février 1952

Cet après-midi, nous avons rencontré un couple de sexagénaires venus du New Jersey et qui ont fait tout le voyage à bord d'une camionnette. Même si leur véhicule est parfaitement équipé, je trouve admirable qu'à leur âge ils aient encore assez de volonté et d'énergie pour accomplir un tel périple. Ce soir, à leur retour d'une promenade autour du lac, nous avons prévu de manger avec eux.

Nous avons attendu longtemps. Bien après l'heure limite que nous nous étions fixée avec Pelao, nous sommes allés, tristes et mécontents, au commissariat de police, où les prisonniers étaient en train de dîner. Notre repas s'est donc déroulé parmi les convives les plus pittoresques et les plus distingués que l'on puisse imaginer. Assis autour d'une table ronde, nous mâchonnions des morceaux de viande froide. Face à moi, le marin déserteur racontait, sans cesser de mastiquer, qu'à une époque, au Japon, il s'était offert une enfant de quatorze ans pour son usage personnel avant de l'abandonner à un autre en guise de cadeau. À ma gauche, un criminel endurci mangeait en silence, avec cérémonie, au côté d'un ivrogne tellement abruti par l'alcool qu'il ne pouvait même plus manger et marmonnait des paroles incompréhensibles. Face à lui, apportant une touche délicatement féminine, une pauvre folle mâchait tout en éructant des obscénités. Nous avons rapidement terminé notre repas et quitté ce spectacle dantesque, reflet fidèle de l'état de délabrement auquel les êtres humains seront rabaissés tant que nous ne nous dresserons pas contre ce système malsain et corrompu.

En Araucanie

Hier, nous avons traversé la ligne imaginaire mais bien réelle qui sépare l'Argentine du Chili. Je ne dirai pas, comme dans le célèbre paso-doble, que « j'ai détourné mon regard en pleurant » car, même si je laissais derrière moi ma patrie et les êtres que je chéris, notre boussole indiquait, plein nord, le reste de l'Amérique latine, où nous trouverions d'autres hommes à aimer, d'autres pays à découvrir.

Une chose nous attristait, en vérité : d'avoir été témoins, une fois de plus, de l'urgence à changer radicalement le contexte socio-politique de notre Argentine bien-aimée pour mettre fin à l'exploitation de l'homme par l'homme et du pays tout entier par les cartels internationaux.

Au matin, nous avons chargé *Poderosa II* sur le bateau qui traverse le lac Nahuel Huapí et sommes aussitôt devenus un objet de curiosité aux yeux des touristes yankees, allemands, chiliens et argentins. Ils n'ont cessé de nous poser des questions, tout en s'émerveillant de notre audace. Évidemment, nul ne nous croyait capables de dépasser Santiago du Chili – avec ou sans moto. Nous verrons ce que nous verrons, me dis-je en mon for intérieur. Avant de partir, nous avons changé nos derniers pesos en dollars – combien de temps dureront-ils?

En débarquant à Puerto Blest, nous avons enfourché la moto et roulé jusqu'à Puerto Alegre, où un autre bateau nous a emmenés jusqu'à Puerto Frías, dernier poste de douane argentin de la région. Vingt-cinq kilomètres plus tard, nous sommes entrés dans Peulla, une charmante petite ville non loin du lac Esmeralda, dit aussi « de tous les Saints », qui tire son nom de la couleur de ses flots, d'un vert aussi pur que celui de la pierre précieuse. Derechef, nous voyons les deux côtés de la médaille : face, la splendeur du paysage et la gentillesse des gens ; pile, le fait que cette beauté est exploitée par la société qui possède l'hôtel, les navettes qui transportent les touristes et les yachts qui sillonnent le lac – bref, une société à qui tout ici appartient, tout et tout le monde, puisqu'elle est aussi l'unique source de travail. Personne ne passe par ici qui ne laisse quelques pesos dans les poches de la société. Naturellement, nous avons refusé de nous plier à la tradition et, plutôt que de prendre une chambre à l'hôtel, nous avons mis le cap sur les quais. Là, après avoir obtenu l'aval du gardien, nous nous sommes installés dans un appentis, au milieu des voilures déchirées et de cordages enduits de goudron.

Toujours soucieux de ne pas dépenser un peso pour quoi que ce soit que nous ne puissions nous permettre, nous sommes parvenus, après plusieurs échecs, à trouver un petit boulot sur une barge qui devait traverser le lac en transportant du bois et une voiture. En guise de salaire, nous avons été autorisés à ajouter *Poderosa II* au chargement.

Lac Nahuel Huapí, 15 février 1952

Ce matin, nous avons chargé la barge, quelque peu délabrée et guère en état de naviguer. Elle était remorquée par un petit bateau à vapeur, l'*Esmeralda*, qui transporte des touristes.

À peine étions-nous partis que la barge a commencé à s'enfoncer par la proue. Nous avons dû redistribuer le chargement et en confier une partie à l'*Esmeralda*. Comme personne ne voulait plonger pour récupérer l'aussière qu'on nous avait lancée, et comme je préférais que Fúser évite d'y aller à cause des signes inquiétants d'une crise d'asthme imminente, je me suis dévoué. Je fus ensuite treuillé sur le bateau où je sympathisai avec deux Brésiliennes, dont l'une étudiait la biochimie. Elle n'en revenait pas de rencontrer un collègue dans des circonstances pareilles.

Je suis retourné sur la barge en sautant depuis la grue de treuillage du vapeur. Nous avons dû redoubler d'efforts pour écoper le bouchain qui fuyait de toutes parts. La pompe fonctionnait mal, nous avons dû la vider à l'aide de seaux. Fourbu, je me suis ensuite esquivé. À présent, j'écris ces lignes à l'ombre de la passerelle. D'ici, j'aperçois les vagues. Le vent a tourné et la moto est en train de prendre l'eau. Je vais voir si je puis trouver une bâche pour la protéger.

Lautaro, 21 février 1952

Nous sommes complètement coincés dans cette petite ville chilienne. Une sérieuse avarie technique nous démontre, une fois de plus, que nos chances de poursuivre le voyage avec *Poderosa II* s'amenuisent. À vrai dire, il fallait s'y attendre. Nous avons parcouru tout ce chemin dans des conditions très précaires : l'accumulateur s'est cassé à Ballesteros, à moins de quatre-vingts kilomètres de notre point de départ ; le frein arrière ne fonctionne quasiment plus depuis Bahía Bianca et nous sommes obligés de nous servir du changement de vitesse pour freiner. Et comme, depuis Junín de los Andes, le frein avant à son tour a donné des signes de faiblesse, cela revient à dire que nous nous sommes payé le luxe – et que nous avons couru le risque – de traverser la plus haute chaîne de montagnes du monde sans être équipés de freins !

Mais reprenons le fil des événements depuis le 15 février.

Après avoir protégé la moto, j'ai continué à écoper jusqu'à notre arrivée à Petrohué. Ensuite, nous nous sommes changés directement sur la barge. Pelao s'est même offert un bain. Puis nous sommes allés rendre visite aux deux Brésiliennes. J'ai emmené ma collègue sur la rive du lac. Après avoir parlé biochimie, nous nous sommes intéressés, d'un commun accord, à l'anatomie topographique. J'espère n'être pas arrivé jusqu'à l'embryologie.

Le matin du 16, on nous proposa de conduire une camionnette jusqu'à Osorno. Ernesto devait prendre le volant tandis que je le suivrais à moto. La route jusqu'à cette ville suit les rives du lac Llanquihue, au pied du volcan Osorno. La lave des dernières éruptions couvre des pans entiers de route, rendant la circulation dangereuse.

Pendant les deux ou trois premiers kilomètres, le paysage est magnifique. Par endroits, la route est très étroite et totalement plongée dans l'ombre des arbres qui la bordent. Le lac dépassé, le décor change du tout au tout. Des jardins maraîchers apparaissent, suivis de petites fermes où l'on cultive le blé – tâche bien sûr réservée à des fermiers exploités, tandis que les propriétaires vivent en parasites à Osorno ou Santiago.

Parvenus à Osorno, nous avons erré du côté de la caserne de la police des frontières avant d'atterrir dans une clinique appartenant à une compagnie d'assurances. L'administrateur qui nous a accueillis s'est montré tout à fait courtois et arrangeant, mais ses conceptions nous ont paru tellement infantiles et illogiques qu'à plusieurs reprises nous n'avons pu nous empêcher d'éclater de rire. Il a notamment tenté de nous convaincre que tous les pays en général, et le Chili en particulier, ont besoin d'être dirigés par un dictateur. Ses arguments étaient si incohérents et tirés par les cheveux, et ses tournures de phrases à ce point truffées d'expressions locales qu'on l'aurait cru tout droit sorti d'une farce. Le seul aspect dangereux et sérieux de son discours était ce désir de dictature – que représentent ici les fidèles du général Ibáñez[1] –, un désir fermement ancré dans son esprit comme dans celui de beaucoup d'autres Chiliens. Ce

---

1. Carlos Ibáñez del Campo (1877-1960), général et homme politique, élu par deux fois président du Chili mais qui régna en dictateur.

genre de conviction, nous l'avons entendue dans chaque coin du pays où nous avons pu nous rendre jusqu'à présent. Seul Ibáñez est capable de sauver le pays – mais nul n'a la moindre idée sur la façon de s'y prendre. Le peuple le considère comme une providence divine et il est certain que nous verrons bientôt l'un de nos pays voisins sous le joug d'un régime dictatorial, dirigé par un homme dénué de l'intelligence d'un Perón.

Nous avons quitté Osorno le 17, mais avons été retenus plusieurs heures par un accident très banal : la perte des vis qui maintenaient le carter (*Poderosa II* ne cache désormais plus rien de ses blessures et de ses cicatrices). À la tombée de la nuit, nous avons demandé refuge dans une petite *estancia*. Nous avons servi à nos hôtes l'histoire du phare cassé ; ils nous ont permis de rester, nous invitant même à partager leur dîner. L'homme qui s'est occupé de nous est un pauvre fermier. Le propriétaire des terres sur lesquelles il travaille (et sur lesquelles travaillent bien d'autres fermiers) lui refuse le moindre droit aux fruits de la récolte. Et qui va régler des injustices de ce genre ? Ibáñez, bien sûr ! Fúser et moi avons échangé un regard de connivence en gardant pour nous nos commentaires.

Le lendemain, nous commençâmes à évoquer prudemment la question de la réforme agraire, soulignant le fait que les terres devaient appartenir à ceux qui les travaillent et non à certains qui, parfois, n'ont même pas vu à quoi elles ressemblent.

Le pauvre homme nous interrompit :

— Je n'ai pas besoin qu'on me donne quoi que ce soit. Dieu a fait les riches en même temps qu'il a fait les pauvres. Tout ce que je demande, c'est d'être payé pour mon travail, et le général Ibáñez y veillera.

Déconfits, nous l'avons remercié pour son hospitalité et nous sommes partis.

À Valdivia, nous sommes passés au consulat argentin où, cela va de soi, on nous a fort mal reçus. D'un coup d'œil, le consul – un être d'une rigueur et d'une propreté immaculées – a jugé que ces deux motocyclistes couverts de graisse et de poussière n'étaient pas dignes d'intérêt et s'est débarrassé de nous aussi vite qu'il a pu.

Sortis du consulat, nous avons longé le quai qui borde le fleuve Calle-Calle. Le port maritime de Corrales se trouve à seize kilomètres d'ici et le seul moyen de le rejoindre est de passer par le fleuve. Marchant au hasard, nous sommes entrés dans les bureaux du journal municipal de Valdivia. Nous nous sommes présentés à l'accueil… et notre vie a pris un nouveau tournant. Le journal a aussitôt publié un article de deux colonnes à notre sujet, truffé de louanges et d'inexactitudes à se décrocher la mâchoire de rire.

Vers 17 heures, nous nous sommes mis en route pour Temuco. La nuit allait tomber quand nous sommes arrivés devant un grand domaine nommé Los Ciruelos. Nous avons ressorti l'histoire du phare cassé et, comme toujours, l'accueil a été plutôt froid. Mais dès que nos hôtes ont appris que nous étions docteurs, l'atmosphère s'est réchauffée. Au lieu de la remise qu'ils nous avaient réservée, nous avons eu droit à la chambre d'amis ainsi qu'à un succulent dîner où nous les avons régalés du récit de nos aventures.

Le 18, nous sommes repartis pour Temuco. Après une quarantaine de kilomètres, crevaison. La journée s'annonçait pourrie. Pour preuve, la fine bruine qui ne tarda pas à nous glacer jusqu'aux os. Nous étions en train de sortir les outils pour réparer la chambre à air quand une éclaircie est subitement apparue, sous la forme d'une camionnette dont le conducteur nous a proposé de nous déposer en ville. Nous avons chargé *Poderosa II* (promptement rebaptisée *Mauviette II*) à l'arrière du véhicule et avons fait connaissance de notre sauveur, un étudiant en école vétérinaire, bourré d'idées lumineuses et doté d'une personnalité sympathique. Nous sommes convenus de passer la soirée ensemble à Temuco pour prendre du bon temps.

Nous avons déchargé la moto dans une petite rue et, pendant que je retirais la roue, Ernesto est allé dans une maison toute proche demander de l'eau chaude afin de préparer notre maté. La domestique qui lui a ouvert lui a non seulement offert de l'eau mais lui a proposé de rentrer la moto à l'abri. À peine étions-nous installés que le *caballero* – le maître des lieux – a fait son apparition. C'était un homme d'âge mûr dont les vêtements et les cheveux longs révélaient, d'après Fúser, son tempérament artistique et bohème, voire des penchants politiques de gauche. Piètre détective en vérité : la crinière ébouriffée était en réalité une perruque !

Peu de temps après, restés seuls avec la domestique, nous l'avons pressée de questions. Elle nous raconta que le *caballero*, comme nous l'avions surnommé, possédait vingt perruques et qu'il était parti expressément à Buenos Aires pour en rapporter d'autres. Cette information nous ouvrit en grand la porte des sarcasmes, qui nous aidèrent à supporter la rude tâche de retirer la chambre à air – en l'occurrence, ce fut Pelao qui s'en chargea, comme chaque fois car il est plus fort et plus habile que moi dans ce domaine.

Une fois *Poderosa II* réparée, nous sommes sortis en ville pour une petite balade. Nous sommes tombés nez à nez avec un journaliste de *L'Austral*, le quotidien de Temuco. Lui aussi écrivit un article sur nous, agrémenté d'une photo, dans lequel nous évoquions notre plus cher désir : aller sur l'île de Pâques… Ensuite, nous sommes retournés dormir dans la demeure du *caballero* aux perruques.

Le lendemain, nous avons roulé plein nord et une nouvelle crevaison nous a retardés. Il me semblait injuste que la réparation incombe toujours à Pelao, c'est pourquoi je me suis braqué et ai insisté pour m'en occuper moi-même – ce qui signifiait que le travail durerait plus longtemps qu'à l'accoutumée. Le crépuscule était tombé, mais nous étions si impatients de continuer le voyage que nous avons roulé dans l'obscurité presque totale. La route devenait de plus en plus impraticable et, un coup du sort n'arrivant jamais seul, les petites fermes qui, jusqu'alors, s'étaient succédé sans interruption avaient à présent disparu. Il faisait nuit noire quand, enfin, arrivés à un passage à niveau, nous avons pu demander au garde-barrière l'hospitalité. Il nous céda un coin de chambre. La maisonnette était aussi modeste que ses habitants, et c'est très naturellement qu'on nous offrit pour seule pitance un peu de pain et de maté. Nous nous sommes endormis le ventre tenaillé par la faim. Dès 7 heures du matin, aux premières lueurs du jour, nous sommes partis pour Lautaro.

Mais nous n'avions pas roulé cent mètres que je me sentis catapulté vers l'avant. Sitôt que j'eus atterri par terre, je me suis redressé, stupéfait. Fúser lui aussi s'est redressé et a bondi pour aller couper l'arrivée d'essence. Inspectant notre moto, nous avons découvert que la fourche avant s'était dessoudée et, plus grave, que le châssis en aluminium protégeant la boîte de vitesses était réduit en miettes.

Pompiers volontaires :
nouvelles péripéties

Los Ángeles, 27 février 1952

Nous voici dans la caserne des pompiers volontaires de Los Angeles. Comment sommes-nous arrivés là ? Le destin ! Mais revenons plutôt à la date du 21 février.

Une fois digéré le coup dur de l'accident de moto, nous sommes parvenus à rejoindre Lautaro. Là, après une âpre discussion – et contre mon avis –, nous avons résolu de faire souder la boîte de vitesses, réparation qui a duré deux jours et nous a coûté tout ce qui restait de nos économies.

Le premier jour, le pompiste du garage où nous avons laissé la moto nous a invités à déjeuner. C'est un Allemand, il vivait au Paraguay avant de venir s'installer au Chili. Il a une fille, mariée, qui vit à Sarandí, dans la région de Buenos Aires, et il nous prenait volontiers à témoin de son bonheur, du moment qu'il n'entendait que des louanges sur l'Argentine. Nous, nous étions ravis.

Dans la soirée, nous nous sommes retrouvés avec un groupe de Chiliens qui nous a beaucoup rappelé ceux que nous connaissions, au pays. Il y avait le baratineur, le Casanova, celui qui était la cible de toutes les plaisanteries acerbes, et le radin, et celui qui jetait l'argent par les fenêtres... Bref, ces petites villes ressemblent à n'importe quelle petite ville d'Argentine !

Comme nous nous entendions plutôt bien, ils nous ont invités à boire du vin. Nous avons accepté avec plaisir et, quelques verres plus tard, nous avons tous décidé d'aller danser dans les quartiers chauds. La salle de bal était située à l'entrée de la ville. Des voitures et des camions garés en désordre devant un bâtiment de plain-pied faiblement éclairé nous indiquèrent que nous étions arrivés.

En entrant, nous avons été accueillis par une bouffée de fumée empestant un mélange immanquable d'alcool et de sueur quand elle l'emporte sur le parfum. Quelques couples à moitié ivres s'étaient lancés dans une danse qui présentait une lointaine ressemblance avec le tango. Mais l'essentiel du public était amassé devant un comptoir en zinc où l'on servait des boissons alcoolisées, surtout du vin.

Il y avait là des visages familiers : deux ouvriers agricoles qui nous avaient aidés à réparer la moto, un autre qui, en attendant que *Poderosa II* soit sur pied, nous avait offert un petit récital de *charango* – un instrument fabriqué dans une carapace de tatou. D'autres, complètement saouls, devinrent instantanément, par la magie de l'alcool et du tango, nos meilleurs amis depuis toujours.

La femme de l'un d'entre eux n'a pas tardé à en pincer pour Pelao. Il est vrai que, malgré sa salopette crasseuse et sa barbe de trois jours peu engageante, son statut d'étranger et son charme faisaient de lui une proie très convoitée.

Pour ma part, j'ai dansé avec une Indienne qui aime les Argentins et le tango et qui, malgré ces penchants, ne semblait guère vouloir me provoquer. Je songeai à la capacité d'adaptation de l'homme et à son système de perception sensorielle quand un brouhaha me tira de mes considérations philosophiques. La cause en était Ernesto qui, excité par l'ambiance et le vin, avait tenté d'attirer dehors son admiratrice. Elle s'était d'abord montrée engageante, puis avait soudain changé d'avis et s'était mise à crier. Je vis son mari se précipiter, armé d'une bouteille, dans le dos de Fúser. Aussitôt, je lâchai ma partenaire et me jetai sur l'homme en le ceinturant. Je le plaquai au sol – ou plutôt, davantage à cause du vin que de mon attaque, il s'effondra tout seul. Dans la confusion générale, j'emboîtai le pas à Pelao, qui s'était déjà esquivé. Quelques minutes plus tard, de retour dans notre chambre, Fúser me dit entre deux halètements :

— Si jamais nous retournons dans un de ces bals, nous devons jurer de ne plus faire tourner la tête des femmes !

À l'exception de cet épisode, les deux jours passés à Lautaro furent ennuyeux. Nous avons consacré l'essentiel de notre temps à la moto. Quand nous sommes partis, le pompiste a organisé un petit déjeuner d'adieu, en présence de plusieurs de ses amies. De nouveau, j'ai pu noter la grande liberté de conduite des femmes chiliennes. La pudibonderie de la classe moyenne argentine, qui surveille toujours de près ses filles, ne se retrouve pas du tout ici.

Nous sommes partis juste après le repas. Un nouvel incident, quelques kilomètres plus loin, m'a donné encore une fois l'occasion de constater le sang-froid et la réactivité d'Ernesto. Nous venions de quitter la zone habitée – où je conduis toujours car, contrairement à Fúser, j'ai un permis de conduire international – et j'avais confié les commandes à mon ami lorsque, au détour d'un virage, nous sommes tombés sur un troupeau de bœufs. Au même moment, j'entendis Ernesto hurler, la voix tremblante :

— Le frein a lâché !

Nous dévalions une colline et la pente se terminait, quatre cents mètres plus bas, par des rangées de peupliers. La moto prenait de plus en plus de vitesse, mais, curieusement, je ne ressentais aucune peur. En y repensant aujourd'hui, sachant que juste derrière les peupliers coulait une rivière, j'admets que ç'aurait pu être la fin du voyage pour Ernesto comme pour moi. Au mieux, nous nous en serions tirés avec quelques fractures. Sur le coup, j'enjoignis simplement à Fúser de freiner en rétrogradant et de jeter *Poderosa II* contre la colline.

Avec une confiance peu commune pour un pilote inexpérimenté, Ernesto parvint à passer en troisième, puis en seconde, ce qui eut pour effet de ralentir considérablement l'engin. Enfin, avec difficulté, il enclencha la première. Ensuite, la moto étant devenue plus contrôlable, il la dirigea droit sur un talus. Tandis que je sautai vers l'arrière, il écarta les jambes et s'éjecta de la selle une fraction de seconde avant que la roue avant ne percute la colline. Nous nous sommes précipités vers *Poderosa II* pour couper le moteur, afin d'éviter un incendie, puis nous avons échangé une poignée de main, heureux d'être encore en vie.

Ce qui était arrivé devait arriver. L'écrou à ailettes retenant le levier du frein s'était complètement usé et avait sauté. Nous sommes revenus à pied vers une ferme que nous avions repérée quelques minutes plus tôt. Là, nous avons obtenu de nouveaux écrous pour réparer le levier et nous sommes repartis deux heures plus tard.

Mais les réparations réalisées sur la boîte de vitesses n'empêchèrent pas le moteur de perdre de la puissance. La nuit n'allait pas tarder, aussi avons-nous trouvé refuge dans une *hijuela*, comme on appelle ici les terrains plus petits que ceux d'une ferme. On nous proposa de loger dans le hangar à paille. Le journal de Temuco nous ayant devancés, une des filles de notre hôte nous reconnut. Elle murmura quelque chose à l'oreille de son père et nous fûmes conviés à partager le dîner. Ensuite, on nous installa dans la chambre d'amis.

Le jour suivant, nous avons eu droit à un petit déjeuner royal et sommes repartis convaincus que, dans les régimes bourgeois, la presse est bien le quatrième pouvoir, à en juger par le crédit que beaucoup de gens accordent aux mots imprimés davantage qu'à leurs propres yeux. Dans des mains peu scrupuleuses, combien ce pouvoir pourrait devenir dangereux !

Et notre périple continua. À présent, nous nous battions autant contre la moto que contre la route défoncée. Accompagnés par les bruits de plus en plus inquiétants qui s'échappaient de *Poderosa II*, nous avons fini par nous arrêter à midi sur le bas-côté de la route.

À l'ombre des marronniers, nous avons démonté l'embrayage et ajusté l'écrou central.

La moto roulait un peu mieux désormais. Nous avons commencé à grimper la colline qui borde le fleuve Malleco, un cours d'eau traversé par le plus haut pont ferroviaire de toute l'Amérique du Sud. À mi-chemin, la chaîne a encore lâché. Sans aucune pièce de rechange, nous étions contraints de nous arrêter.

C'est un chauffeur routier qui nous a déposés dans le village de Culli Pulli. Là, un forgeron a pu réparer la chaîne, mais, dans cette succession d'incidents, la nuit nous a surpris. Un jeune homme qui habitait à côté de l'atelier nous a proposé de passer la nuit chez lui – en échange, nous avons dû subir toute une suite d'histoires dont il avait été ou le témoin ou l'un des protagonistes et qui se terminaient toutes avec au moins un cadavre…

Le lendemain, nous avons tenté de reprendre la route, en vain. *Poderosa II* implorait notre clémence. Nous avons décidé d'attendre le prochain camion qui proposerait de nous prendre en stop, ce qui n'a pas tardé. À mesure que nous roulions, nous étions de plus en plus convaincus qu'il serait préférable de laisser la moto à Santiago du Chili et de rejoindre Caracas par d'autres moyens. De cette façon, pensais-je, nous verrions davantage de choses et serions plus libres de nos mouvements ; en outre, nous n'aurions plus l'air de globe-trotters à moto, ce qui donnait à tout ce qui nous entourait un je-ne-sais-quoi de romantique et brouillait notre vision de la réalité.

Le camion nous emmena jusqu'à Melleco. De là, nous avons essayé de continuer notre voyage à moto, mais,

Poderosa II produisant des bruits de plus en plus étranges et sonores, nous avons préféré mettre un terme à l'expérience. Une fois de plus, nous avons remis notre sort dans les mains des camionneurs qui, avec leur patience à toute épreuve, nous ont aidés dans cette aventure plus souvent que toute autre profession.

Pendant que nous attendions, Fúser prépara le maté et, comme toujours, le parfum de l'infusion combiné à la beauté du paysage me donna envie de récapituler tout ce que nous avions vu depuis que nous étions entrés au Chili : la beauté des Andes, les petites fermes serties dans l'écrin doré des champs de blé, les vergers remplis à profusion de pommes et de poires. Contrastant avec tout cela, les *huasos* opprimés, aux vêtements misérables – inévitable poncho et chapeau effiloché à larges bords –, montant des petits chevaux aussi faméliques que les cavaliers eux-mêmes et cherchant dans la boisson une échappatoire à leur misère. Je repensais aussi aux contremaîtres qui remplacent leur patron pendant son absence : tout en eux me révulsait, jusqu'à cette tenue de torero en retraite, avec cette courte veste noire étriquée, ce pantalon moulant qui descend jusqu'aux chevilles, ce chapeau à bords durs posé de travers et cette paire de bottines à larges éperons. Le genre d'homme qui manque de respect à ses propres ouvriers, les traitant d'ivrognes ou de tire-au-flanc, sans rien faire pour améliorer leur condition. Pire : il croit légitime de chanter les louanges du patron, alors qu'il se trahit lui-même, ainsi que sa propre classe.

Mes ruminations furent interrompues par un camion qui venait de s'arrêter à notre hauteur. Nous avons chargé notre pauvre vieille moto et sommes retournés à Los Ángeles. Nous avons fini par nous retrouver au commissariat de police, face à deux sergents de retour de leur poste à la frontière argentine et qui, parce qu'ils y avaient été bien traités et voulaient rendre hommage à cette hospitalité, nous ont invités chez eux.

En chemin, ils n'ont eu de cesse de louer l'hospitalité argentine – le trajet étant long et leur histoire plutôt brève, nous y avons eu droit en boucle, assortie à chaque reprise de quelques enrichissements et de l'émotion croissante de nos deux amis.

Hélas ! la maîtresse de maison ne partageait guère l'enthousiasme de son mari pour les Argentins. Cette nuit-là, nous nous sommes endormis le cœur lourd et l'estomac bien vide...

Los Ángeles, 28 février 1952

La nuit dernière fut le théâtre de la plus incroyable et de la plus intéressante des aventures qui ont jalonné ce voyage. Dans la journée, nous avions sympathisé avec deux jeunes filles qui semblaient désireuses de faire notre connaissance. Nous nous sommes vite entendus, si bien qu'elles nous ont présenté le chef de la brigade municipale de pompiers volontaires. Aidés par nos nouvelles amies, nous avons obtenu de lui qu'il nous laisse dormir dans le hangar où sont garés leurs camions.

Après dîner, nous sommes sortis faire un tour avec les deux filles. Cette fois encore, nous avons pu constater combien l'attitude des Chiliennes à l'égard des hommes s'oppose à celle des Argentines. Peut-être le fait que nous sommes « oiseaux de passage » facilitait-il cette familiarité ? Je pense qu'il s'agit surtout d'une différence d'éducation.

Ernesto et moi sommes rentrés à la caserne d'un pas tranquille, en silence, chacun méditant sur son expérience respective. L'endroit où nous nous étions installés pour dormir était étroit, avec une simple fente en guise de fenêtre. Fúser s'est allongé à côté, en proie à une agitation que je ne savais à quoi attribuer, son asthme ou la jeune fille. Quant à moi, je me tournais et me retournais dans mon sac de couchage. Me relevant pour la énième fois, j'ai trouvé un petit escalier conduisant jusqu'au toit – une espèce de coupole ouverte sur les quatre côtés. Il y faisait assez froid, mais j'y montai mon sac de couchage et m'endormis.

J'ignore combien de temps s'était écoulé lorsque je fus réveillé en sursaut par un bruit si assourdissant que mes tympans faillirent éclater. Je me dressai d'un bond et sentis une corde frôler mon épaule : elle était attachée au battant de la cloche qui sonnait l'alerte. Je m'étais endormi sous la cloche, à quelques mètres à peine ! Le vacarme et les vibrations étaient insoutenables…

Je descendis l'escalier à toute vitesse et tombai sur Pelao qui demandait au pompier de garde de bien vouloir accepter notre aide. Le chef parut bientôt et nous tendit des casques et des vestes ignifugées. L'instant d'après, nous traversions la ville à toute allure, agrippés aux flancs d'un camion baptisé *Chile-España*.

Deux ou trois kilomètres plus loin, nous avons aperçu les lueurs des flammes, puis senti l'odeur de résine calcinée, typique d'un incendie de conifères. Malgré la rapidité avec laquelle nous étions arrivés sur place, le bâtiment de pin et de roseau était presque entièrement détruit. Un groupe de pompiers s'attaqua au feu de broussailles qui avait gagné le bois voisin, l'autre groupe, dont nous étions, s'occupant de la maison et d'une annexe.

J'étais responsable d'une des lances à incendie, Fúser pour sa part s'occupait de déblayer les débris. Une fois l'incendie maîtrisé, nous avons entendu les miaulements d'un chat coincé sur le toit fumant. En dépit des cris de protestation des autres pompiers, qui voulaient retourner se coucher, Ernesto est allé le chercher. Quand il est revenu avec la pauvre bête dans les bras, tout le monde a applaudi et fait aussitôt du rescapé la mascotte de la caserne.

Sur le chemin du retour, nous nous sommes demandé quelles étaient les probabilités pour que, lors de notre première nuit à Los Angeles, nous soyons témoins d'un incendie et aidions à l'éteindre. L'explication était cependant très simple : dans cette région boisée se déclarent chaque année près de quatre cents incendies qui surviennent soit par accident, soit par imprudence, soit du fait de propriétaires terriens qui incendient leurs bois pour étendre leurs cultures. C'est pourquoi la brigade de pompiers est sollicitée au moins une fois par jour, quand ce n'est pas deux ou trois fois.

Le lendemain, on nous a offert des fanions en remerciement pour notre participation.

Santiago du Chili, 1er mars 1952

À Los Ángeles, nous avons rencontré un chauffeur routier qui devait déménager des meubles à Santiago. Il nous a demandé 400 pesos chiliens pour transporter la moto et nous a pris comme déménageurs pour 50 pesos, repas inclus.

Nous avons fait nos adieux aux pompiers de la caserne et d'autres un peu plus chaleureux aux deux jeunes filles. Puis le camion s'est ébranlé.

Nous avons atteint Santiago dans la journée de samedi. J'eus tout d'abord l'impression d'être de retour à Córdoba, même si les montagnes ici sont plus hautes et plus proches. Arrivés à destination, nous avons commencé à décharger le camion et Ernesto m'a une fois de plus surpris par une de ses reparties.

Nous admirions en plaisantant la force de l'assistant du chauffeur qui, pour nous montrer combien il était costaud, avait sorti les meubles les plus lourds. Le conducteur, de son côté, nous observait en lâchant quelques remarques sarcastiques à propos de la fainéantise et de la mollesse des Argentins. Fúser et moi ripostions sans nous démonter. C'est le chauffeur qui, petit à petit, perdit patience : quand il fut à court de clichés, il prit ses airs de grand patron et nous dit :

— Bon, vous deux, vous vous chargez de cette armoire. C'est pour ça que je vous paye !

L'armoire en question était un meuble aussi imposant que pesant, qui passait difficilement l'entrée de la maison. L'assistant du chauffeur allait nous prêter main-forte quand son patron l'a arrêté en ricanant :

— Laisse, José. Nos deux amis de Buenos Aires peuvent se débrouiller tout seuls.

Pelao s'est tourné vers lui et, sans le quitter des yeux, a répliqué :

— Regardez ce que je peux faire, quand je le veux.

Et, s'adressant à moi :

— Mial, laisse-moi faire.

Il saisit alors le meuble à bras-le-corps, le souleva de dix bons centimètres et le tira le long du couloir jusqu'au milieu de la chambre. Puis il nous rejoignit sur le trottoir, d'où nous avions assisté bouche bée à son exploit.

— C'est fini pour moi !

Et il s'assit par terre, à côté de la moto. J'ignore encore où il avait trouvé la force de faire cela !

Le déménagement terminé, nous avons déposé la moto dans un atelier de réparation tenu par un Argentin. Ensuite, nous nous sommes rendus à l'ambassade d'Argentine pour voir si nous avions du courrier – et nous avons rencontré le consul, un autre candidat pour entrer dans notre académie de personnages antipathiques. Il voulait nous convaincre qu'il souffrait d'un accident du travail, en l'occurrence un ulcère gastrique provoqué par les boissons qu'il buvait pendant les réceptions auxquelles sa fonction officielle l'obligeait d'assister. Il se voyait déjà un pied dans la tombe. À mon avis, quand il mourra, ce sera plutôt des suites d'un *delirium tremens* car il boit comme un trou !

Adieux à *Poderosa II*.
Les motards deviennent
des passagers clandestins

Santiago du Chili, 2 mars 1952

Hier, dimanche, nous sommes allés nous promener en ville. Notre première impression s'est confirmée : Santiago ressemble beaucoup à Córdoba, en plus étendu et en plus moderne. En véritables touristes, nous avons visité le zoo et le musée des Beaux-Arts. Je suis resté de marbre devant la majorité des tableaux, hormis quelques-uns signés Lira et Smith. En revanche, les sculptures m'ont fait forte impression. Même si l'influence de l'école française se fait encore sentir, ces œuvres sont très réussies, notamment celles, pleines de caractère, de Rebeca Mata.

Dans l'après-midi, nous avons appris qu'une des équipes de water-polo de Córdoba, celle de Suquía, était présente en ville. Son entraîneur, Espejo Pérez, était devenu un ami lors de la grève de 1943. Nous sommes allés le saluer à la piscine où devait avoir lieu le match et nous y avons rencontré une autre vieille connaissance, « Negro » Llovet, qui jouait au football avec moi en équipe junior et passait ses vacances à Bajada de Piedra. C'est le gardien de l'équipe.

Après avoir momentanément quitté nos amis, nous sommes partis en quête de pièces détachées pour la moto, sans rien trouver. Finalement, nous sommes convenus de nous séparer de *Poderosa II*.

Nous avons transformé deux des sacoches en sacs à dos et laissé tout ce qui restait de notre équipement sur la moto. En la recouvrant de la toile de tente pour la protéger de la poussière et de l'humidité, j'eus l'impression d'envelopper d'un linceul le corps d'une fidèle amie. D'un geste discret, je l'ai doucement caressée puis me suis éloigné, sombre et chagrin.

Un peu plus tard, nous avons assisté au match de water-polo, trépignant et hurlant des encouragements aux gars de Suquía. La fête d'adieu qui suivit fut l'occasion de porter un toast à l'heureuse coïncidence de nos retrouvailles et, même si ce ne fut pas sans un serrement de cœur qu'on nous laissa repartir, au succès de notre difficile mais ô combien enviable entreprise. Très vite, cependant, tout sentiment de tristesse fut balayé par notre bonne humeur coutumière.

Valparaíso, 7 mars 1952

Le 4 mars, après avoir salué les joueurs de Suquía et leur avoir remis du courrier pour nos familles, nous sommes partis sur la longue route qui relie Santiago à Valparaíso.

Plus de quatre heures durant, nous avons regardé passer devant nous et disparaître au loin d'innombrables camions, jusqu'à ce que l'un des chauffeurs réponde à notre signal, s'arrête sur le bas-côté et nous accepte à bord.

Pour rallier Valparaíso, il faut passer par deux petites chaînes de montagnes. La première, traversée de jour, nous permit d'apprécier toute la beauté des vallées profondes et verdoyantes, parsemées de petites fermes et de vergers en fleur ou chargés de fruits en pleine maturation. La route qui sinuait à travers les collines déboucha sur l'autre versant, plus aride et moins peuplé.

Nous avons traversé la deuxième chaîne montagneuse de nuit, par un froid pinçant, nous obligeant à nous tasser entre les caisses du chargement. De là, nous n'apercevions que la lueur des phares des véhicules venant en sens inverse – nombreux, car ce tronçon de route est très fréquenté.

Nous sommes arrivés à destination vers 22 heures. Nous avons salué le chauffeur et, sac au dos, avons commencé à marcher.

Le centre-ville se trouve assez loin du point où nous sommes descendus, un quartier sans doute construit sur d'anciens bidonvilles. Nous sommes parvenus jusqu'à un parking pour camions et autocars où se trouvait une baraque vendant du poisson frit et l'inévitable vin chilien. Attirés par l'odeur, nous sommes entrés. Il y avait là un Argentin complètement saoul, dont nous avons réveillé le mal du pays et qui nous a offert quelques verres et du poisson.

Le jour suivant, nous nous sommes liés d'amitié avec le tenancier de cette baraque. Quel type formidable ! Il est flanqué de deux cuisinières d'un certain âge, l'une quasiment sourde et l'autre qui ressemble à une sorcière du Moyen Âge à deux doigts de basculer dans la démence sénile. Elles l'aident et il les aide, car je ne pense pas que quiconque sinon lui pourrait leur fournir un travail. En même temps, son rire est communicatif et les met de bonne humeur, il s'amuse des quiproquos causés par la surdité de l'une et taquine l'autre, Rosita, avec des sous-entendus sur ses supposées histoires d'amour, qu'elle dément avec une modestie offensée.

Il nous a offert le déjeuner et le dîner pendant toute la durée de notre séjour, le temps que nous préparions notre excursion à l'île de Pâques. Nous risquions de prendre du retard dans notre voyage sud-américain, mais comment aurions-nous manqué pareille occasion ?

Hier, nous espérions bien rencontrer un M. Molina Lucco, seule personne susceptible de nous donner l'autorisation de nous rendre jusqu'à Rapa Nui. Nous sommes retournés déjeuner et dîner dans la petite baraque à poissons. Le tenancier est parfaitement représentatif des gens humbles en général et des Chiliens en particulier. Pas un mendiant, un chien errant ou un chat dont il n'essaiera de calmer la faim avec des restes de poisson. Il veut s'installer en Argentine – pour gagner de l'argent, dit-il –, sans se rendre compte qu'on ne devient pas riche avec un cœur d'or comme le sien, car la richesse d'un individu ne s'obtient que par l'exploitation de l'homme par l'homme.

Valparaíso est l'une des villes les plus ravissantes et les mieux situées de tout le Chili. En toile de fond, une splendide chaîne de montagnes boisées offrant des paysages de toute beauté. À moins de quarante kilomètres d'ici, les gens peuvent skier toute l'année sur les glaciers. L'ouest de la ville est léché par les vagues d'une magnifique baie qui, à quelques kilomètres au nord, aboutit aux superbes plages de Viña del Mar. En outre, la ville est conçue selon un plan très original : certains quartiers sont reliés au centre par des escaliers assez raides, d'autres par des funiculaires.

Dans la soirée, nous avons exploré certains de ces quartiers, notamment autour du port, avec ses ruelles étroites où les bars succèdent aux bordels et les marins ivres aux femmes aguicheuses. On se serait cru dans la casbah d'Alger.

Hier, au bureau d'une compagnie maritime, nous avons rencontré le capitaine d'un cargo qui doit lever l'ancre pour Antofagasta. Nous l'avons convaincu de nous prendre comme passagers clandestins et de travailler à bord pour payer notre voyage – du moins si la police maritime ne nous découvre pas.

À bord du San Antonio, *8 mars 1952*

De nouveau, je viens de vivre une de ces aventures qui ne se produisent que lorsque les rêves deviennent réalité. Et certes, rien de tout cela ne me serait jamais arrivé si j'étais resté chez moi, à vendre du sirop antitussif !

Hier soir, vers 19 heures, après avoir pris congé du tenancier de la baraque à poissons et partagé avec lui les inévitables verres d'adieu, nous sommes allés au port. Nos frusques, nos sacs à dos et tout particulièrement nos sacs de couchage aux couleurs tape-à-l'œil attiraient l'attention des passants, ainsi que du policier de faction à l'entrée des docks. Il nous a demandé où nous allions, nous lui avons répondu sans sourciller que nous étions membres de l'équipage du *San Antonio*.

Il nous a envoyés au guichet des douanes pour faire fouiller nos bagages ; nous devions avoir l'air honnête car ils nous ont laissés passer sans aucune vérification. Arrivés sur le quai, nous avons caché notre équipement à l'ombre d'un camion-benne rempli de charbon.

De la digue, on voyait quelle activité frénétique régnait sur le navire. Cinq cents tonnes de produits variés étaient en cours de chargement : vivres, ciment, vin, etc. Profitant de cette agitation, nous avons tenté de monter à bord incognito, mais nous ne cessions de tomber sur l'officier de quart qui, d'après les informations obtenues auprès des marins, était un peu l'espion de la compagnie maritime et ne nous aurait jamais laissés embarquer.

La nuit avançait et le quai commençait peu à peu à se désemplir. J'avais l'impression que nous étions observés de toutes parts. À plusieurs reprises, nous avons parcouru le quai sur toute sa longueur, dans les deux sens. Puis nous nous sommes tapis derrière le camion où nous avions dissimulé notre équipement.

Les minutes s'écoulaient avec une lenteur insoutenable. Le policier passa devant nous trois ou quatre fois, ainsi que les ouvriers chargés d'alimenter les chaudières des grues du quai. C'était tout juste si, en prenant leurs sacs de charbon, ils ne nous marchaient pas dessus.

À minuit, l'officier n'avait toujours pas quitté son poste. À 1 heure, la relève des dockers parut et Fúser en profita pour aller repérer les toilettes à bord du bateau, où nous espérions trouver une cachette.

Pendant ce temps, j'allai voir un des grutiers : par ce froid à geler un pingouin, je ne pouvais plus rester immobile. Je m'arrangeai pour qu'il me propose de monter sur sa machine. Lorsque Pelao revint de sa mission de reconnaissance, je lui fis signe de me rejoindre près de la chaudière où, jusqu'à 5 heures du matin, nous nous sommes offert un petit somme. Au lever du soleil, une nouvelle équipe vint relever la précédente, mais l'officier de garde restait toujours aussi immobile et pétrifié que le grand mât du *San Antonio*.

L'équipage se présenta au pied du navire vers 9 heures. Nous avons profité du temps que mettait la passerelle à descendre pour nous glisser dans la file d'attente. Quand enfin nous nous sommes retrouvés à bord, nous avons dissimulé nos sacs sous la bâche de protection d'un canot de sauvetage avant de filer aux toilettes.

Notre première impression n'était guère encourageante : les toilettes étaient hors service, les cuvettes bouchées débordaient de merde, mais ce n'était pas le moment de jouer les précieux dégoûtés. Nous avons verrouillé la porte.

Nous n'osions même pas respirer. Quand quelqu'un frappait à la porte, je criais « occupé ! » et on nous laissait tranquilles.

Les minutes s'étiraient, aussi lentes qu'un couple d'amoureux rentrant à la maison après le cinéma. Notre nervosité allait croissant. Et pourtant, nous savions que le capitaine ne dirait rien et qu'au pire, si nous étions découverts, nous serions renvoyés à quai. J'imaginais dans quel état devait se trouver le réfugié qui, fuyant les persécutions, risquait la mort s'il était pris...

Aux environs de 11 heures, les turbines se mirent en marche, mais notre jubilation silencieuse tourna court : les moteurs ralentirent peu à peu, jusqu'à s'arrêter. Entre-temps, d'autres marins étaient venus frapper à la porte, mais, par chance, s'étaient rabattus sur les toilettes voisines.

Enfin, sur le coup de midi, le coup de sifflet perçant annonçant que les moteurs allaient démarrer s'est à nouveau fait entendre. Ensuite, ce fut le grincement de la chaîne de l'ancre et, enfin, nous avons senti le *San Antonio* bouger.

La trace jaunâtre que nous apercevions par le minuscule hublot se mit à glisser lentement, puis de plus en plus vite jusqu'à être remplacée par le bleu du ciel et des fragments de coques de bateaux. Alors, nous sommes tombés dans les bras l'un de l'autre, fous de joie, même si nous craignions toujours d'être découverts. Je passai la tête par le hublot pour saluer la baie de Valparaíso. Un gigantesque cortège de mouettes faisait office de haie d'honneur. Elles volaient au-dessus de nos têtes, semblables à des mouchoirs agités en signe d'adieu, accompagnées de pélicans qui nous souhaitaient bon voyage avec des cris rugueux mais pas moins affectueux.

Après deux heures de navigation, poussés par la faim et l'odeur pestilentielle des toilettes, nous avons décidé d'aller nous présenter sur le pont. Nous avons d'abord fait un tour en cuisine, où un cuistot nous a donné à manger : pain, oignons crus et café.

Le capitaine nous a ensuite appelés sur le pont pour nous y offrir un petit aperçu de ses talents de comédien. Nous ayant adressé un énorme clin d'œil lorsque nous gravissions la passerelle, il a arboré une mine qui se voulait sévère mais qui était surtout comique, puis s'est exclamé :

— Mais qu'est-ce que vous fichez ici ? Vous ne vous rendez pas compte que votre présence sur ce navire est compromettante pour ses officiers ?

Et il nous fit ainsi la leçon pendant de longues minutes, en multipliant les réprimandes. Puis il appela le maître d'équipage et lui annonça :

— Je place ces messieurs sous votre responsabilité. Je peux difficilement les flanquer par-dessus bord à présent, mais veillez à ce qu'ils ne se tournent pas les pouces pendant la traversée et qu'ils s'installent où ils peuvent.

Et du travail, on en eut sur-le-champ : je fus envoyé en cuisine et Fúser se retrouva à nettoyer les toilettes. En l'espace de quelques minutes, j'avais un torchon entre les mains et j'essuyais assiettes et couverts. Ensuite, le cuistot me donna des oignons à peler. À cet instant, le *San Antonio* s'est mis à tanguer et mon estomac à se retourner... J'ai alors dû sortir prendre l'air sur le pont – toujours avec mon seau et mes oignons. Pelao, pour sa part, en avait déjà terminé avec son odorante corvée et en profita pour me prendre en photo, « pleurant toutes les larmes de mon corps ».

À bord du San Antonio, *9 mars 1952*

La nuit dernière, après avoir briqué la cuisine jusqu'à ce qu'elle resplendisse (le steward et le cuistot ont décidé

91

de nous presser jusqu'à la dernière goutte !), nous sommes montés prendre le frais sur le pont. Dans la lueur fluorescente de la lune sur la mer, pour la première fois de ma vie, j'ai pu voir des poissons volants. Quand ils jaillissent de l'eau, on dirait des fusées d'argent. C'est splendide.

Tous les marins dormaient déjà lorsque nous avons avisé l'unique lumière encore visible sur le pont. Nous nous sommes approchés. C'était le capitaine, en train de disputer une partie de canasta avec un officier et le radio. Nous nous sommes montrés et, lorsqu'ils ont su que nous savions jouer, ils nous ont proposé de nous joindre à eux. Pelao, qui excelle à ce jeu, a très vite gagné trois manches d'affilée. Quoique bien décidés à nous battre, ils n'y sont jamais parvenus.

Aux environs de 2 heures, le capitaine eut une fringale et fit réveiller le cuistot. Quand ce dernier vit que, parmi les gens qu'il servait, se trouvaient ses deux subordonnés, il devint livide et insista pour que nous venions l'aider. C'était rigoureusement impossible car nos adversaires commençaient à l'avoir saumâtre et voulaient absolument prendre leur revanche. Ils ne nous auraient jamais laissés nous éloigner de la table.

Le cuistot revint peu après avec cinq omelettes, plusieurs bouteilles de vin et une humeur massacrante. Nous avons mangé notre omelette, bu nos verres de vin… et commencé à perdre. Je ne sais d'ailleurs pas si c'était à cause de la digestion ou de peur de nous retrouver à l'aube toujours en train de jouer sans que nos adversaires aient gagné une seule partie…

À bord du San Antonio, *10 mars 1952*

Comme on pouvait le craindre, après la tension de la veille et le vin de cette nuit, j'ai dormi comme une souche et n'ai pas entendu le steward ou le cuistot m'appeler. Quand j'ai franchi le seuil de la cuisine, j'en étais quitte pour m'écraser et encaisser tous leurs reproches. Je me suis consolé en contemplant la sereine beauté de la mer et en apercevant – c'était encore la première fois de ma vie – un couple de cachalots, soufflant un jet d'eau à plusieurs mètres en l'air. J'ignorais qu'à cette latitude on pouvait croiser des cachalots ou toute autre sorte de baleine.

Les mines de cuivre yankees ou le revers de la médaille

Antofagasta, 11 mars 1952

À 2 heures cette nuit, nous avons accosté à Antofagasta. Nous aidions à amarrer le bateau lorsque la commission d'inspection est arrivée. Nous nous sommes précipités dans la cabine du capitaine, le dernier endroit où l'on irait trouver deux passagers clandestins !

Ensuite, nous sommes partis à la découverte de la ville. Au retour, pour entrer sur les docks, nous avons expliqué que nous étions arrivés par train et que nous venions récupérer un colis qui se trouvait à bord.

Même si le steward est un salopard que notre seule vue insupporte (alors que tout le monde, du garçon de cabine au capitaine, nous traite avec respect), nous restons à bord pour préparer notre voyage à Chuquicamata. Quitter le Chili sans avoir vu les mines de nitrate ou de cuivre serait vraiment dommage.

Baquedano, 12 mars 1952

Une fois passées en revue les différentes possibilités qui s'ouvraient à nous, nous avons pris congé de l'équipage et, sac au dos, nous avons quitté Antofagasta et repris notre périple sur la route. Nous avons marché pendant plusieurs heures en direction de Chuquicamata – située à une soixantaine de kilomètres – et sommes finalement arrivés grâce à un camion.

Le désert avait commencé alors que nous roulions depuis quelques minutes à peine. La route s'enroule entre de hautes collines totalement arides. Pendant tout le trajet, nous n'apercevons pas un brin d'herbe, juste la monotone étendue gris-rouge du désert. Le ruban d'asphalte et les poteaux télégraphiques sont les seules preuves que l'homme a mis le pied dans ce domaine solitaire et sauvage. Par endroits, des plaques de nitrate et de gypse ponctuent le grès du désert. Tous les deux ou trois kilomètres, certains poteaux sont peints en blanc pour avertir les voyageurs de la présence d'un point d'eau – car une canalisation partant de la frontière avec la Bolivie alimente tous les minuscules villages éparpillés dans le désert.

Tandis que nous nous enfoncions davantage dans le plateau désertique chilien, nous avons compris qu'il ne s'agissait pas d'une simple formule : pas même un cactus ne pousse sur ces terres désolées. Rien – ce mot décrit tout ce que nous voyons. Le ciel complètement bleu se brouille parfois légèrement à l'horizon – simple effet de réverbération – et s'anime parfois de petits nuages qu'on dirait placés là pour décorer le paysage.

Le tout forme un panorama grandiose. Nous avons pris deux ou trois photos. Mais il en faudrait des centaines, ou des kilomètres de pellicule en technicolor pour saisir l'imposante beauté de cet endroit.

Il est 22 heures. J'écris dans un « hôtel », à la lumière d'une lampe à carbure. Face à moi, de nouveau, les deux faces de la médaille. Sur l'une, la beauté évoquée plus haut, ainsi que la richesse de cette région ; sur l'autre, les faits que je m'apprête à relater.

En parcourant le village, à la recherche d'un toit pour la nuit, nous avons rencontré un couple de pauvres travailleurs. Soupçonné d'activités communistes, le mari a été arrêté et envoyé en prison pendant trois mois. À présent, il se bat pour obtenir un travail dans l'une des mines de la région, ce qui est presque impossible lorsqu'on a été étiqueté « communiste ».

Tout à l'heure, je me promenais une fois encore dans le village – une longue succession de maisons aux murs de tôle alignées de part et d'autre d'une unique rue cernée par les collines. Pour la plupart, ces maisons sont des débits de boissons où les ouvriers des mines et du chemin de fer viennent se « guérir » de leurs soucis en se saoulant à mort.

Je me suis placé dans un angle formé par deux murs et j'ai observé le spectacle formé par Fúser avec ce couple. À la lueur d'une bougie et de la lune qui se levait juste derrière les collines, Ernesto était en train de préparer le maté. L'homme et la femme semblaient frigorifiés ; il faut dire que la température avait brusquement chuté et qu'ils étaient très pauvrement vêtus. Dans un langage rugueux mais extrêmement convaincant et précis, l'homme parlait des injustices que lui et ses compagnons de travail avaient subies – ces derniers, pour une bonne partie, ayant été assassinés ou noyés dans l'océan.

Ne se sachant pas observée, la femme regardait parler son mari d'un air ravi et admiratif qui fit résonner en moi la corde sentimentale. Je sentis une chaleur, quelque chose qui me reliait à cette femme, pauvre en argent et en culture mais riche de sentiments, qui avait souffert d'innombrables coups du sort, persécutions et désastres, mais restait fidèle à son homme, même dans la misère la plus noire.

J'entrai dans le cercle délimité par la lumière et donnai au couple ma couverture, tout en proposant à Fúser d'aller faire un nouveau tour jusqu'à la gare, pour nous dégourdir les jambes autant que pour couper court à l'expression débordante de leur gratitude.

Nous avons remonté la rue au clair de lune, jusqu'à ce petit bar crasseux où je suis actuellement en train d'écrire.

Chuquicamata, 13 mars 1952
(Commissariat de police de Chuquicamata,
1ᵉʳ district)

Nous sommes confortablement installés dans le commissariat de police. Comme d'habitude, le tout a été de trouver la bonne personne – en l'occurrence, le commissaire et son lieutenant, deux types épatants qui se sont empressés de nous faciliter les choses.

Mais je reviens à la date du 12, à 23 heures. En revenant du bar, nous avons revu nos pauvres compagnons blottis l'un contre l'autre, dans le sac de couchage que je leur avais prêté pour la nuit. Nous nous sommes glissés à deux dans le sac de Fúser et avons tenté de trouver le sommeil.

Une petite brise malicieuse sifflait à mes oreilles. De malicieuse, elle n'a pas tardé à devenir désagréable, et de désagréable franchement vicieuse. Pelao, pour sa part, avait sombré comme une masse et ronflait. Étendu à côté de lui et glacé jusqu'aux os, je le maudissais et lui enviais cette fantastique capacité à s'endormir n'importe où et dans n'importe quelle condition. Chaque heure paraissait durer une éternité. J'avais l'impression qu'il s'en était écoulé plusieurs et, quand je consultai ma montre, c'était pour constater que vingt-cinq minutes à peine venaient de passer. La nuit était particulièrement lumineuse – on se serait cru en plein jour – et seule une colline projetait son cône d'ombre sur les murs au pied desquels nous étions installés. Pour tuer le temps, j'observais comment ce cône, à mesure que la lune descendait, prenait possession du chemin, de la barrière au bord de la voie ferrée et enfin de la portion de rails que j'apercevais. Pendant ce temps, Ernesto dormait du sommeil du juste et j'entendais la respiration rauque de nos voisins qui – soit pour se réchauffer, soit parce qu'ils faisaient l'amour – étaient en train de s'agiter dans leur sac de couchage.

Lorsque la température atteignit son plus bas, l'aube commençait à poindre. Définitivement incapable de trouver le sommeil, les membres engourdis à cause du froid et de ma posture inconfortable, je décidai de me lever et de marcher pour me réchauffer. Peu après, mes trois compagnons m'imitèrent.

En milieu de matinée, nous avons pris congé du couple et réussi à trouver un camion qui nous emmènerait jusqu'à Calama, à quelque quatre-vingts kilomètres de Baquedano.

C'était encore un trajet en plein désert, à une altitude supérieure à 2 000 mètres. Nous avons vu plusieurs mirages, de véritables lacs qui n'étaient en réalité qu'illusions d'optique. Après avoir longé une enfilade de collines, nous avons fini par les traverser pour arriver à Calama. Face à nous se dressait l'imposant volcan de San Pedro, avec son sommet couvert de neige.

À Calama, nous avons pris ce qu'ils appellent une *góndola*, c'est-à-dire un camion transformé en autobus, et nous sommes arrivés devant le poste de garde de la mine. Nous pensions qu'on allait nous retenir, nous faire subir un interrogatoire interminable, mais le commissaire de police était un brave type, qui nous a même offert une petite visite guidée des différents sites de la mine à bord d'une camionnette conduite par un lieutenant très affable. (Grâce à ce voyage, j'apprends à me débarrasser de certaines idées préconçues. Les hommes de valeur prennent parfois les apparences auxquelles on s'attend le moins.)

Le soir, ils nous ont proposé de dîner avec eux au commissariat. Pour nous, c'était tout à la fois le petit déjeuner, le déjeuner, le goûter et le dîner. Puis ils nous ont indiqué deux lits de camp. Après nos précédentes nuits en pointillé, nous nous sommes endormis sur-le-champ. Cela faisait longtemps que nous ne nous étions pas aussi bien reposés.

Chuquicamata, 14 mars 1952

Nous nous sommes levés de bonne heure pour rencontrer M. Mackeboy, l'administrateur yankee de la mine. « Sa Très Contrariante Majesté », comme nous l'avons surnommé, nous a laissés longuement mariner. Puis, dans son espagnol version yankee, il nous a expliqué que la mine n'était ni un site touristique ni un institut de charité, avant de nous coller sur le dos un guide pour diriger notre visite.

Évidemment, la visite d'aujourd'hui n'a fait que confirmer notre impression d'hier : cet endroit renferme une richesse incommensurable.

Les innombrables machines, leur parfaite synchronisation et la façon dont chaque élément est exploité au maximum de ses capacités forcent certes l'admiration, mais elle est supplantée par l'indignation qui nous saisit lorsqu'on constate que toute cette richesse ne vise qu'à remplir les coffres du capitalisme yankee, alors que son véritable propriétaire, le peuple araucanien, vit dans la plus abjecte misère.

Le premier site que nous ayons vu était une galerie de mine dite « à ciel ouvert ». Elle consiste en un étagement de terrasses de cinquante à soixante mètres de large et de cinq kilomètres de long. Ici, on perce, on pose la dynamite, on fait exploser des morceaux de colline et on utilise des pelleteuses universelles – une sorte de bulldozer – pour charger les wagonnets tirés par un moteur électrique. De là, le minerai est transporté par un camion-benne qui vide son chargement dans un premier broyeur.

Après cette première étape, des tapis mécaniques déversent le minerai dans un deuxième broyeur, puis dans un troisième. Lorsque la roche est suffisamment broyée, elle est traitée à l'acide sulfurique dans de grandes citernes. Toute cette solution sulfatée est ensuite transportée dans un bâtiment renfermant les électrolytes qui permettent de séparer le cuivre et de régénérer l'acide.

Le cuivre ainsi obtenu est fondu dans des fourneaux à la température de 2 000 °C. Le torrent de cuivre liquide est alors versé dans de grands moules recouverts de poudre d'os calcinés. Vient ensuite l'étape de la solidification et du refroidissement simultanés, après quoi des grues électriques transportent les moules dans un polissoir qui aplanit le cuivre et lui donne une épaisseur uniforme.

Toutes ces opérations sont accomplies avec une précision qui m'a rappelé *Les Temps modernes* de Charlie Chaplin. Cette impression s'est renforcée lorsque nous avons essayé de nous familiariser avec les différents aspects de ce processus technologique. Chaque ouvrier ou technicien ne connaît que ce qui se passe dans son unité – et parfois, seulement une partie de ce qui s'y passe. Certains travaillent ici depuis dix ans ou plus et ignorent quelle opération est effectuée dans l'unité qui suit la leur sur la chaîne de production. Bien sûr, cette ignorance est encouragée par la compagnie, qui peut ainsi plus aisément exploiter sa main-d'œuvre tout en la maintenant à un très bas niveau culturel et politique. Les valeureux leaders syndicaux ont un combat titanesque à mener pour que les travailleurs discernent le « pour » et le « contre » dans les différents accords que la compagnie tente de leur faire signer. La compagnie recourt à d'autres stratagèmes plus subtils pour combattre les syndicats.

L'homme qui nous sert de guide – et qui n'est rien d'autre qu'un mercenaire répugnant – nous a ainsi expliqué que, à chaque réunion syndicale importante, lui et d'autres assistants de l'administrateur invitent une grande partie des mineurs dans un bordel. De la sorte, le nombre minimum de travailleurs nécessaires pour valider la réunion n'est jamais atteint. La mentalité de ce personnage se résume tout entière dans ce double discours qui consiste à nous dire que les revendications des travailleurs sont excessives, puis que si la mine cessait de tourner ne serait-ce qu'une seule journée, la compagnie perdrait un million de dollars. Avec une somme pareille en jeu, ce larbin-né ose dire que 100 pesos – un dollar – représentent une revendication excessive ! L'envie nous démangeait de le balancer dans une des cuves d'acide...

Chuquicamata, *15 mars 1952*

Aujourd'hui, nous sommes allés visiter une autre usine, mais cette fois sans guide. Elle est construite actuellement pour traiter les sulfures de cuivre restants. Le rendement est de l'ordre de 30 %. En ce moment, ce sont de gigantesques fourneaux qui sont en chantier : l'une des cheminées dépasse les quatre-vingt-dix mètres, ce sera la plus haute de toute l'Amérique du Sud. Elle est presque achevée – et, comme on pouvait s'y attendre, Fúser n'avait pas l'intention de partir sans être d'abord monté tout en haut. Nous avons emprunté l'ascenseur utilisé par les maçons. Du sommet de la cheminée, on embrasse toute l'étendue de la mine et on voit toute la richesse qu'il reste à exploiter à la Braden Company.

En redescendant, nous avons croisé un des membres du syndicat. Il nous a expliqué que la compagnie pratiquait un salaire journalier très bas mais qu'elle attirait les travailleurs en leur faisant croire que le magasin de l'entreprise vendait des articles à des prix bien inférieurs à ceux des autres magasins de la région. En réalité, les articles bon marché sont en quantité limitée, et les denrées alimentaires de base sont très souvent absentes des rayons. Les clients doivent donc acheter leurs produits à des prix extrêmement élevés dans d'autres magasins qui sont de mèche avec la compagnie. Évidemment, une fois qu'il s'est installé ici, le travailleur n'en bouge plus, espérant que ses demandes seront entendues et ses besoins satisfaits à l'occasion d'un prochain contrat. Le temps passe, il a une femme, des enfants, si bien qu'il finit par rester contre sa volonté, sachant qu'il est exploité, jusqu'à ce que, usé par les années et les privations, son fils aîné prenne sa place – s'il n'a pas été tué lors d'une explosion accidentelle, des suites d'une silicose ou empoisonné par les vapeurs de soufre.

Nous nous sommes rendus ensuite dans les quartiers ouest de la ville, où une usine fabrique des maisons en préfabriqué. Ce type de construction pourrait résoudre les problèmes de logement, non seulement à Chuquicamata mais aussi dans tout le Chili, si sa mise en œuvre technique était correcte, avec de bonnes finitions, une jolie peinture, etc. Mais ici, on se contente du strict nécessaire, du minimum de confort dont se contenteront les travailleurs – quand cela va jusque-là. En outre, les maisons sont toutes construites au même endroit, à l'écart de la ville, dans un secteur non raccordé aux égouts. Alors que, bien sûr, les Yankees et leurs laquais ont droit à une école spéciale pour leurs enfants, à des terrains de golf et à des maisons qui ne sont pas construites en préfabriqué.

Enfin, nous avons vu la zone où sera ouverte la prochaine mine dans les dix prochaines années, quand l'usine de traitement des sulfures sera terminée. Quand nous avons vu que ce terrain-là aussi rapporterait à la compagnie des millions et des millions de dollars (pour le moment, 90 000 tonnes de minerai sont extraites chaque jour), nous nous sommes rappelé avoir cru, en lisant un livre sur l'exploitation du cuivre au Chili, que l'auteur exagérait quand il prétendait que quarante jours de travail suffiraient à rembourser tout le capital investi. Mais la vie est un grand professeur : ses leçons valent bien plus que cent manuels...

Dans l'après-midi, nous nous sommes mis en route vers d'autres endroits que nous voulions voir à tout prix depuis que nous sommes renseignés sur l'extraction du nitrate au Chili – ces terres où Elias Lafertté[1] s'est battu. Nous avons pris congé de la police, et notre lieutenant – qui ne manquait jamais d'acquiescer en silence quand nous critiquions ouvertement ou non notre guide – nous

---

1. Elias Lafertté (1886-1961), syndicaliste communiste qui a mené la lutte pour les droits des travailleurs dans les mines de nitrate chiliennes avant la Seconde Guerre mondiale.

a emmenés, en camionnette, jusqu'à la route de Toco-
pilla. Là, il nous a chaleureusement pris dans ses bras et
nous a souhaité bonne route.

Sur la route d'Iquique, 16 mars 1952

Après le départ du lieutenant, nous avons attendu au
bord de la route l'arrivée d'une voiture. Le paysage est
toujours aussi désertique. Le haut plateau s'étend sous nos
yeux, complètement plat, le soleil et les nuages lui donnant par moments l'apparence d'un énorme tapis blanc
tacheté de noir – et aux collines environnantes celle d'un
amphithéâtre. Malgré les bourrasques de vent particulièrement fortes là où nous nous trouvions, nous avons
aperçu au loin un tracteur diesel, semblable à un jouet,
dont la cheminée émettait de petites bouffées de fumée qui
restaient immobiles au-dessus de la plaine.

Tandis que nous admirions le panorama en nous féli-
citant de tout ce que nous avions appris en l'espace de
quarante-huit heures, la nuit finit par tomber et aucun
véhicule ne s'était arrêté pour nous prendre en stop.
Aussi, pour ne pas retourner au commissariat qui se trouvait à plusieurs kilomètres, nous sommes allés jusqu'aux
postes de garde, à l'entrée de la ville. Permission nous
fut donnée d'y passer la nuit. Nous nous sommes donc
glissés dans nos sacs de couchage, le ventre criant
famine car le caporal de garde, qui était le seul policier
à ne pas avoir sympathisé avec nous, ne nous a pas proposé les restes de son repas.

À l'aube, réveillé par la lumière, j'ai remarqué qu'à
l'endroit où Pelao s'était allongé, sa tête touchait presque

les bottes du caporal, qui dormait assis sur un banc. Cette image me laissa une impression déplaisante, mais je n'en touchai mot à Fúser de peur qu'il ne se moque de moi. Elle est pourtant restée longtemps gravée dans mon esprit.

La journée s'annonce magnifique. Je pourrais contempler ce paysage sans me lasser pendant une éternité. Les collines ressemblent à d'énormes bossus tout plissés de rides. Le ciel est d'un bleu que les minuscules nuages blancs rendent plus intense encore.

Il est 15 heures. Nous sommes installés sous la couverture de Fúser qui nous sert de tente. Ce matin, nous avons enfin été pris par un camion qui nous a déposés sur la grand-route nord-sud. Nous sommes arrivés au carrefour sur le coup de midi. Le chauffeur nous a indiqué un petit bosquet arboré à environ quinze kilomètres – le seul dans un rayon de cent kilomètres – où nous pourrions nous reposer en attendant que le soleil soit moins intense. Bien que ce ne soit pas la meilleure heure de la journée pour faire de la marche, nous avons suivi son conseil. La première partie du trajet s'est déroulée sans encombre, mais petit à petit la chaleur oppressante et le poids de nos sacs à dos ont laminé nos dernières forces et, le bosquet n'étant toujours pas en vue, nous avons décidé d'établir notre campement ici. Adossés à un poteau télégraphique, seul signe de civilisation dans ce désert immense, nous avons installé cette tente de fortune et nous attendons qu'un camion charitable pointe à l'horizon ou que le soleil se fasse un peu moins implacable pour nous permettre de poursuivre notre chemin vers ce fameux bosquet.

À titre d'information, j'aimerais souligner que cette région est connue pour avoir le taux de pluviométrie le plus faible du monde : pas un millimètre d'eau n'est tombé ici depuis plusieurs années.

Mais quelle désolation somptueuse ! Comme j'aimerais pouvoir la décrire ou la saisir sur une toile ! La chaleur est si intense et la lumière si aveuglante qu'elles suscitent des reflets étincelants qui sont comme une patine, brouillant et adoucissant le contour des collines à l'horizon, surmontées de nuages immobiles d'où jamais une goutte d'eau ne s'échappe quand ils survolent le plateau – ce sont les vallées au-delà des collines que la pluie arrose. Ces reflets combinés aux ombres jetées par les nuages produisent des phénomènes optiques : le sable se met à onduler comme les vagues de la mer.

Sur les terres
où s'est battu Lafertté

Iquique, 20 mars 1952

Je suis assis devant l'une des nombreuses places de cette charmante ville. Installé confortablement à l'ombre des frondaisons, je mets à jour ce carnet de voyage en relatant les événements survenus depuis le 16 mars.

Il était presque 17 heures quand un automobiliste s'est arrêté à notre hauteur et nous a proposé de monter. Ils étaient déjà trois à bord, complètement ivres. La route que nous avons suivie était courte mais pittoresque. La voiture se déplaçait en zigzag pendant que le conducteur nous offrait un récital de *cuecas*[1] aussi fausses qu'il est humainement possible d'en chanter. Ce qui ne l'empêchait pas, de temps à autre, de lâcher le volant pour marquer le rythme en tapotant des deux mains sur la carrosserie. Il ne faisait aucun doute que Bacchus en personne veillait sur nous, puisque la voiture parvenait malgré tout à rester sur la route. Enfin nous sommes arrivés à une gare et nos

---

1. Chants traditionnels chiliens, souvent accompagnés de danses folkloriques. *(NdT)*

chemins se sont séparés. Nous nous sommes extirpés de la voiture en poussant un soupir de soulagement – d'autant qu'à ce moment-là, l'euphorie alcoolisée de nos amis s'était dissipée et que des nuages menaçants commençaient à assombrir le ciel jusqu'alors paisible de leur ivresse.

Ayant décidé de passer la nuit sur place, nous nous sommes rendus à la gare demander de l'eau chaude pour notre maté. La présence de deux étrangers ne tarda pas à attirer tous les mornes habitants de la gare. Tels des rapaces devant des charognes, ils se sont mis à tourner en cercles autour de nous, jusqu'à ce que le plus impatient – ou le plus audacieux – hasarde une question à laquelle nous avons répondu. Un échange en appelant un autre, la camaraderie qui se manifeste toujours entre des jeunes gens qui se rencontrent n'a pas tardé à reprendre ses droits.

Il faisait très sombre lorsqu'un garçon a apporté une lampe au kérosène et un autre une guitare. La musique, les chansons et les récits de notre voyage nous ont très vite transformés en vieux camarades. Quelqu'un nous a invités à dîner et les discussions allèrent encore bon train après minuit. On nous proposa de passer la nuit dans un abri en plaques de tôle qu'une colonie de rats semblait trouver très à son goût. Ils trottinaient par douzaines entre nos lits de camp, peut-être perturbés par notre présence.

Tout en tâchant de trouver le sommeil, je repensais au groupe formé par les garçons assis en cercle autour du guitariste. Dans la lumière ténue de la lampe, on aurait dit des personnages sculptés dans la pierre. Leurs pommettes saillantes accentuaient cette ressemblance avec la statuaire de leurs ancêtres quechuas. Je songeais que tous ces gens humbles et généreux qui nous avaient aidés tout au long de notre traversée du Chili descendaient du mélange entre des Indiens et de pauvres Espagnols. Même si ces derniers portaient dans leurs gènes les vices et l'avidité de leurs chefs, ils étaient aussi dépositaires de la noblesse et de la volonté farouche de la race espagnole. Puis je m'endormis.

Le lendemain après-midi, nous sommes arrivés à Empresa Salitrera de Toco. Un groupe de cantonniers était en train de disputer un match de football. Ils nous ont proposé de venir jouer avec eux, ce que nous avons fait. Après le match, nous sommes tous allés dîner puis nous coucher. Il régnait entre nous une telle familiarité que l'on nous aurait pris pour des amis de toujours.

Nous avons passé la nuit dans le campement du chantier – deux dortoirs également faits de plaques de tôle. Nous étions plus de huit dans chaque cabane. Les lits sont des planches de bois posées sur des souches d'arbres, mais, dans une ambiance si chaleureuse et amicale, ce confort sommaire n'avait aucune importance.

Il était tôt quand les lumières se sont éteintes car les ouvriers reprennent le travail à 2 heures du matin, jusqu'à 10 heures, afin d'éviter le soleil implacable. Avant de dormir, nous avons participé à un concours de pets particulièrement original, bruyant et nauséabond. Et, malgré notre réputation, Pelao et moi terminâmes bons derniers. Une véritable humiliation !

Le lendemain, nous sommes allés voir deux exploitations de nitrate, Rica Aventura et Prosperidad. Le nitrate est extrait selon la méthode Shank, un vieux procédé qui consiste à séparer les différentes composantes du caliche (de la terre à haute teneur en salpêtre) avec de l'eau très chaude. Les différents sels sont solubles à des températures différentes. Cela leur permet d'obtenir d'abord du nitrate de sodium, puis du nitrate de potassium, ensuite des perchlorates et enfin de l'iode.

Dès que nous avons vu la première mine de nitrate, nous avons compris qu'elle appartenait à une compagnie étrangère. Pas seulement à cause de l'exploitation soutenue des ressources, qui lui permettra de rembourser en un an ses nouveaux investissements, mais surtout parce que tous les employés et une bonne partie des ouvriers à qui nous avons parlé semblent avoir subi un lavage de cerveau. Ils refusent d'admettre qu'on leur vole leurs richesses, que leurs salaires sont réduits au minimum et qu'ils sont maintenus dans l'ignorance par ces mêmes gens qui s'enrichissent grâce à leur travail et grâce aux mines de nitrate chiliennes.

Après avoir vu tout ce que nous pouvions voir et posé un maximum de questions, nous sommes rentrés au campement des cantonniers où régnait dans l'air quelque chose qui les distinguait des ouvriers de la mine. La camaraderie, je suppose.

Un camion chargé de bois devait prendre la route du nord le lendemain. Nous avons fait nos adieux à nos amis et sommes repartis. Nous avons attendu un autre camion dans un hameau du nom de Laguna, par une chaleur suffocante, sous un soleil incandescent. Une douzaine d'hommes décharnés, au visage las, nous observaient avec une maigre curiosité tandis que nous rangions nos sacs à dos à l'ombre, dans une allée séparant un bar d'une salle de billard. Puis, nous nous sommes installés en attendant de pouvoir reprendre la route.

À l'aube, aujourd'hui, nous étions en train de nous rafraîchir le visage à l'eau d'une citerne toute proche quand un camion transportant de la luzerne a crevé. Nous nous sommes empressés de proposer un coup de main au conducteur, en échange de quoi il a accepté de nous prendre à son bord.

Peu après, je me trouvais allongé dans mon sac de couchage, à moitié enfoui dans l'herbe odorante, à contempler le lever du soleil sur les collines sablonneuses en me disant que c'était exactement ce que j'avais toujours voulu : un voyage comme celui-ci, sans autre occupation que voir et apprendre à connaître notre Amérique par mes propres moyens.

Étendu à côté de moi, Fúser récitait en murmurant des vers de Pablo Neruda. Je suis sûr qu'il connaît tous les poèmes de *Résidence sur la terre* et de *Vingt poèmes d'amour et une chanson désespérée*. Par mimétisme, j'enchaînai moi aussi les uniques vers dont je me souvienne :

> *J'ai écrit sur le temps et l'eau*
> *Décrit le deuil moiré de pourpre,*
> *J'ai écrit sur le ciel, j'ai écrit sur la pomme*
> *Et maintenant j'écris sur Stalingrad.*

Notre euphorie poétique fut interrompue par le spectacle qui s'offrait à présent à nous : la mer. Le camion suivait une route située sur une crête montagneuse et, assis à l'arrière sur nos coussins de luzerne, nous la voyions sinuer et se déployer comme un énorme serpent broyant la montagne entre ses anneaux, avec tout au bout le miroir outremer de la baie d'Iquique où nous nous trouvons désormais.

Arica, 22 mars 1952

Nous avons passé la nuit à Iquique, d'où un autre camion nous a emmenés à Arica. Une fois encore, la route traverse un désert. Pour aller jusqu'à la ville, il faut d'abord passer par ce que les habitants d'ici appellent les Sept Pampas. Il s'agit de sept plaines désertiques séparées les unes des autres par des sierras aux contours déchiquetés. Pendant plusieurs kilomètres, la route est entourée d'un immense désert puis longe les corniches d'une chaîne de montagnes pouvant atteindre 2 000 mètres d'altitude. Elle est extrêmement raide et étroite et, en quelques kilomètres, monte et descend dans la montagne. Les sierras forment d'immenses canyons assez semblables à ceux de la Cuesta de Miranda, dans les Andes de La Rioja, en Argentine – hormis la roche, qui n'est pas d'un rouge profond mais gris rougeâtre. Par endroits, la route monte si haut qu'on aperçoit, flottant sous nos pieds, des nuages et des condors.

Çà et là, des plaques commémoratives rappellent le passage des conquistadors Almagro et Valdivia[1] et de leurs troupes, qui progressèrent du Pérou jusqu'au sud du Chili. Quand je pense aux difficultés rencontrées

---

1. Diego de Almagro (1475-1538) faisait partie des conquistadors espagnols partis, avec Francisco Pizarro, à la conquête du Pérou. Pedro de Valdivia (1500-1554) participa à la conquête du Venezuela, du Pérou et du Chili.

en faisant ce trajet par camion et sur une route construite à cet effet, je ne peux qu'admirer le courage, le stoïcisme et la ténacité de ces Espagnols qui ont effectué ce terrible périple, alourdis par leurs armures et leurs cuirasses, et ont finalement atteint leur but. Quel gâchis que leur opiniâtreté à vaincre une nature hostile se soit par la suite transformée en cruauté contre les autochtones !

En chemin, nous avons remarqué deux ou trois vallées arrosées par des cours d'eau et nous y avons découvert une agriculture tropicale et une flore très différentes de celles que nous connaissions. Goyaviers, manguiers, avocatiers et surtout une plante curieuse, le papayer, qui, à nos yeux de Sud-Américains, ressemble à une petit palmier au tronc couvert de grappes de melons.

Seuls les champs de blé nous rappellent que nous nous trouvons au nord du sub-continent, près de l'équateur. À vrai dire, nous sommes tout près du tropique du Capricorne.

Après quelque vingt-quatre heures de route, nous avons rejoint Arica. Nous avons fait le tour de la zone portuaire avant d'atterrir, dans l'après-midi, à l'hôpital de la région. Nous nous sommes présentés au directeur qui nous a reçus avec déférence. Il s'intéressait à la recherche en laboratoire et nous lui avons proposé un exposé théorique et une démonstration pratique de coloration par la méthode de Ziehl-Nielsen, en utilisant un Twin 80 au lieu d'une source de chaleur.

Nous avons dormi à l'hôpital. Comme convenu, nous avons effectué la démonstration aujourd'hui, qui s'est achevée sur une longue conversation portant davantage sur notre voyage que sur la science. Nous avons passé l'après-midi à la plage, ne sortant de l'eau qu'après le coucher du soleil. Après avoir nagé si longtemps, Fúser, qui n'avait pas eu de crise d'asthme depuis Valparaiso, montra quelques signes de faiblesse.

Le port est un lieu qui m'enchante littéralement. En nous y promenant, nous avons vu toute une série de crustacés totalement inconnus sur la côte atlantique – et non seulement vu mais aussi dégusté. Mon préféré s'appelle le *loco*, et je me suis régalé d'un énorme crabe. Tous deux sont à la fois délicieux et très nourrissants.

En route vers Tacna, 23 mars 1952

Nous sommes arrivés au poste de douane de Chacalluta, situé sur la rive sud du fleuve Lluta – le point le plus au nord du Chili.

Cela nous semble remonter à hier, mais cela fait bien trente-huit jours aujourd'hui depuis notre arrivée sur le sol chilien, à Casa Pangue, à plus de 3 000 kilomètres au sud. Nous avons vu les splendides lacs du sud, sous leur climat froid et leurs pluies perpétuelles ; nous sommes passés par les fertiles régions du centre et leurs magnifiques villes ; nous avons parcouru quelques-uns des plus grands, des plus riches et des plus arides déserts au monde.

Plus que tout, nous avons reçu la confirmation que le Chili montre ce qu'il a de meilleur et de plus généreux dans ses petites gens, que nous avons eu raison de prendre parti pour le pauvre contre le riche, pour le révolutionnaire contre le réactionnaire et le conformiste.

En évoquant tout cela avec Fúser, il m'a surpris une nouvelle fois en citant quelques vers sur la condition des pauvres, la terre, les fleuves et les montagnes.

— Neruda ? lui ai-je demandé.

— Non. Martí[1].

1. José Martí (1853-1895), poète, écrivain, idéologue et activiste cubain, figure centrale de la quête d'indépendance face aux pays colonisateurs que furent, pour Cuba, l'Espagne et les États-Unis. Il est mort lors de la bataille de Dos Ríos, à l'est de Cuba.

En territoire inca

Une fois réglées les formalités du consulat et des douanes, nous avons fait un tour en ville. Elle est des plus pittoresques, et très différente d'Arica, située à quelques kilomètres seulement plus au sud. L'influence quechua ou aymara est particulièrement visible dans de multiples aspects de la vie quotidienne. À mesure qu'elles se rapprochent de la périphérie, les rues principales se transforment en ruelles qui sinuent entre des petits jardins maraîchers. Comme dans la civilisation inca, on ne trouve nulle part de clôture grillagée ; à la place, ce sont des rangées de roseaux, de grenadiers ou de figuiers qui servent à délimiter les différentes parcelles privatives.

En chemin, nous avons croisé plusieurs femmes indiennes montées à dos d'âne et vêtues de costumes traditionnels que nous n'avions jusqu'alors vus qu'en photo ou lors de fêtes folkloriques : jupes larges, ponchos et chapeaux melon. Elles emportaient au marché les produits de leur récolte : pastèques, citrouilles, bananes, poivrons, *ocumos*[1], etc.

Nous nous sommes gavés de figues et de raisin, mais les grenades nous réservaient une mauvaise surprise car elles semblent être la nourriture préférée des oiseaux de la région. Ils dévorent l'intérieur du fruit par un petit trou imperceptible, laissant intacte son enveloppe extérieure.

Sicuani, 30 mars 1952

Nous sommes au poste de la Garde civile péruvienne, à attendre que quelqu'un nous emmène à Cuzco. Je me sens heureux quoique nerveux, car je vais enfin voir par moi-même la vie d'exploités que mènent les Indiens quechuas, mais aussi les merveilles de la civilisation inca. Je vais enfin découvrir, sans passer par les textes d'Inca Garcilaso[2] ou par les romans de Ciro Alegría, ce qui reste du royaume inca et de ses splendeurs, détruit par l'avidité de Pizarro et de l'Empire espagnol, aujourd'hui exploité par les propriétaires terriens péruviens. Pour essayer d'apaiser mon esprit, je me suis assis avec mon journal et j'ai repris le récit de notre voyage.

Le 24 mars, au moment où nous nous apprêtions à sortir les billets froissés que j'avais jalousement rangés avec mon pistolet, un jeune Indien est venu nous prévenir qu'un

---

1. Plante à fleurs jaunes, dont les racines sont comestibles.
2. Inca Garcilaso de la Vega (vers 1540-vers 1616), écrivain espagnol né à Cuzco d'une princesse inca et d'un conquistador. On lui doit des *Commentaires royaux sur le Pérou des Incas,* émouvante description des légendes et des croyances du peuple de sa mère.

sergent que nous avions rencontré se plaignait de douleurs et nous demandait de venir l'examiner. Nous nous sommes occupés de lui, lui avons fait une injection de papavérine et avons un peu joué les psychothérapeutes. Bientôt, il s'est senti mieux. Peu de temps après, un autre sergent qui prenait la relève nous a proposé de rester au poste, d'y manger et d'y dormir jusqu'à ce que nous puissions partir pour Cuzco. L'extraordinaire personnalité du bonhomme n'a pas tardé à se faire jour. Il a commencé à évoquer les beautés du Pérou et de ses ruines incas d'une façon qui décupla notre enthousiasme ; mais ses tournures de phrases étaient si affectées, et il saupoudrait son discours de tant de termes obscurs sans rapport avec le sujet que nous éprouvions quelque difficulté à le suivre. Parfois, incapable de trouver le mot exact, il stoppait net, attendait qu'il lui revienne, puis il nous mitraillait à nouveau de ses gongorismes[1]. Fúser et moi sommes restés debout aussi longtemps que nos forces nous le permettaient, piquant fou rire sur fou rire. Enfin, nous sommes allés dormir un peu.

Le 25, nous avons attendu quelques heures en agréable compagnie : les deux sœurs d'une famille japonaise que nous avions rencontrées dans la matinée (et qui ont sauté malgré nous leur déjeuner). C'est un de leurs amis qui devait nous conduire jusqu'à Tarata, une étape importante dans notre voyage vers le lac Titicaca.

Au début, la route nous rappela le paysage du nord du Chili, mais à mesure que nous montions, les montagnes

---

1. Mot dérivé de Luis de Góngora (1561-1627), poète espagnol auteur d'une œuvre baroque et précieuse, allant jusqu'à l'hermétisme. *(NdT)*

passaient de sablonneuses à rocheuses et prenaient une teinte cuivrée caractéristique des Andes que nous connaissons. De dépouillées, les collines se sont peu à peu couvertes de cactus, puis d'*espinillos* et de poivriers, ensuite d'arbustes à fleurs jaunes et enfin toutes les collines sont devenues verdoyantes. Cette couleur dans le paysage me remplit d'une joie et d'une euphorie indicibles.

Nous nous sommes arrêtés dans un village nommé Estaque. S'il est un endroit où la civilisation aymara existe encore, c'est bien là – que ce soit dans l'architecture, les costumes ou les mœurs des habitants.

La véritable ascension a commencé au sortir du village. Les montagnes se sont faites plus abruptes et leur versant en pente douce s'est transformé en à-pic abyssal au fond duquel on apercevait la cascade écumeuse d'un torrent.

Nous avons bientôt vu de grandes chutes d'eau qui coupaient la route tous les deux ou trois kilomètres, puis ce furent les premières cultures à flanc de coteau. Elles sont presque perpendiculaires les unes par rapport aux autres, mais, réparties en terrasses, elles permettent aux Aymaras de cultiver des patates, du maïs, des poivrons, etc. Les terrasses sont des petites plates-formes horizontales dont la terre est retenue par des sortes de murets de pierre. Elles forment un ensemble à la fois intéressant et ravissant à voir ; chaque terrasse agencée symétriquement aux autres offre une nuance de vert différente, rehaussée d'une touche de couleur par les femmes indiennes aux tenues chatoyantes qui y travaillent.

Le maïs cultivé ici doit être génétiquement identique à celui qui poussait en Amérique avant la Découverte. Il se caractérise par une enveloppe violet sombre qui protège le fruit, et un épi blanc avec de grandes traînées mauves.

Nous nous sommes ensuite rendus dans un village indigène traditionnel, avec ses maisons basses et ses rues étagées, les unes pouvant surplomber les autres d'une trentaine de mètres. À l'entrée du village, on trouve des canaux aménagés au-dessus de la route, qu'ils traversent dans des aqueducs formés par des troncs évidés.

De tous les hommes voyageant dans le camion, nous étions les seuls à avoir des ancêtres européens. Les autres étaient tous issus d'une lignée aymara. En les observant, je ne pouvais m'empêcher de songer aux gauchos des tableaux de Molina Campos : peau cuivrée, nez plat et épaté, pommettes saillantes, quelques minces moustaches, bouches épaisses, petits yeux semblables à certains yeux d'Asiatiques. Tous étaient pauvrement vêtus, pieds nus ou chaussés de sandales. Et tous, sans exception, mâchaient de la coca depuis le début du voyage.

Loin d'être fuyants et hostiles, comme le veut le préjugé, ils n'ont pas cessé de nous parler et de rire avec nous. Certes, la plupart d'entre eux ne parlaient pas espagnol, mais ceux qui le pratiquaient ne se faisaient pas prier pour répondre à toutes nos questions.

Nous sommes arrivés à Tarata – en aymara, « route qui part en fourche » – vers 17 heures. Pendant quelques instants, nous avons admiré un splendide contraste : la petite ville luisait au soleil qui nous tapait sur le crâne et, quelques kilomètres plus loin, nous voyions de la neige tomber ! Un spectacle peu commun...

En cherchant un endroit où passer la nuit, nous sommes tombés sur un groupe de jeunes appelés en train de jouer au basket-ball. Nous nous sommes approchés et – malgré les 2 400 mètres d'altitude du village qui, selon les experts, auraient dû nous empêcher de fournir le moindre effort – nous nous sommes joints à eux, sans jamais éprouver le manque d'oxygène. Pelao ne semblait même pas se souvenir de son asthme.

Le camion-bus est parti pour Ilave le lendemain matin, à 3 heures. Le moteur s'est mis à rugir et le véhicule a commencé à grimper. Le froid était insoutenable. Les deux premières heures de trajet furent ennuyeuses, mais, vers 5 heures, le soleil s'est levé sur les crêtes couvertes de neige des contreforts des Andes. À nouveau, plus aucune trace de végétation.

La montagne est recouverte d'une sorte de mousse qui a la consistance du bois et dont les gardiens de troupeaux de lamas et de vigognes se servent pour se chauffer. Nous avons atteint Ilave, le village le plus élevé de la région, à près de 4 800 mètres au-dessus du niveau de la mer. La route était déjà tapissée de neige. Les cristaux de glace scintillaient telle une myriade de diamants minuscules. Tout le paysage offrait un camaïeu de bleus, de la pâleur de la neige aux nuages légèrement plus sombres teintés par la chaleur du soleil, du bleu clair des collines au bleu profond du ciel. L'éventail de couleurs et leurs combinaisons sont stupéfiants.

Lorsque nous avons franchi la dernière des collines enneigées, les nuages formés par l'évaporation de la neige étaient déjà énormes. Leur teinte bleue contrastait avec le rouge cuivré des collines épargnées par la neige mais tachetées par le vert des mousses. Un spectacle très différent du précédent, mais non moins magnifique.

Au sommet de la route, un tertre constitué d'un empilement de centaines de petites pierres était surmonté d'une croix en bois. En passant devant, la plupart des passagers du camion-bus ont craché dehors, un autre s'est signé. Je me suis penché vers celui qui s'était révélé le plus instruit et lui ai demandé ce que cela signifiait. Il m'a expliqué que le tertre est une *apacheta* et que tout voyageur qui le croise doit y laisser une pierre – laissant ainsi derrière lui, symboliquement, ses chagrins, ses maux, son amertume. À bord du camion, le plus simple était de cracher, car dans le crachat se trouve tout le mal que nos compagnons de voyage portent en eux.

— Et la croix ? ai-je demandé.

— Le prêtre l'a mise là pour semer le trouble dans l'esprit des Indiens.

Il m'a expliqué comment le prêtre fait un amalgame de religions à partir de la croix et de l'*apacheta*, en vue de tromper les Indiens pour, en fin de compte, les faire passer pour catholiques. De cette façon, il peut se vanter de diriger une paroisse de plusieurs milliers d'ouailles, alors qu'en réalité ils croient toujours à Paccha Mama et Viracocha[1] sous d'autres apparences.

Je suis resté longtemps à méditer sur la beauté et la poésie de l'*apacheta*. Et à songer, aussi, au comportement

---

1. Paccha Mama, déesse mythique des Incas, représente la Terre-Mère. Viracocha, divinité inca, est le créateur de l'Homme et de toutes les divinités.

criminel des prêtres, et à cet Indien – humblement vêtu, nourri encore plus humblement – qui venait de m'expliquer ce phénomène historique et social en si peu de mots, avec une clarté et une pénétration qu'un professeur bien mis et très bien payé lui aurait enviée.

C'est l'une des facettes de la médaille, ai-je pensé : la beauté d'un paysage et cet homme capable de se dresser face à l'adversité. Mais il y a le revers : le reste des passagers du camion, cette masse informe d'Indiens somnolents, une race à qui on a inculqué, cinq siècles durant, qu'elle était inférieure aux autres, une race de vaincus tout juste bons à servir d'esclaves et à s'abrutir de coca et d'alcool.

Ils sont tellement habitués à être maltraités et humiliés que lorsque nous sommes montés dans le camion, incapables de voir quoi que ce soit car il faisait trop sombre, nous avons marché sans le faire exprès sur des hommes recroquevillés par terre, sans qu'aucun d'eux ne profère une plainte ou une parole menaçante.

Nous étions déjà arrivés sur le haut plateau, qui est assez semblable à la région précédant la Patagonie : des montagnes formant de véritables amphithéâtres romains, encerclant des plaines couvertes de hautes herbes sauvages où viennent paître des troupeaux de lamas, alpagas et vigognes. Cette région remplie d'animaux et arrosée par le fleuve Huenque, où les truites abondent, m'a donné envie de faire le même voyage avec mes frères, en caravane, pour tout admirer et pêcher, chasser... Ce serait merveilleux.

Le 26, nous avons commencé à suivre les rives du lac Titicaca. Il était 18 heures lorsque nous avons fait notre entrée dans Puno, et nous nous sommes aussitôt précipités vers le lac, comme si nous craignions de le voir disparaître.

Il nous a d'abord paru minuscule, mais ce que nous avions sous les yeux était en réalité une crique, une petite baie du lac qui s'étend entre les péninsules de Capachica et Chucuíto. Nous avons escaladé le promontoire de Chucuíto et là, à nos pieds, se déployait le célèbre lac, immense, silencieux et paisible. Pour Pelao comme pour moi, c'était l'un des jalons importants de notre périple (le prochain n'est pas très loin : c'est le Machu Picchu). Je me sentais si exalté – et Pelao aussi ! Nous avons échangé une poignée de main, sans dire un mot, jusqu'à ce qu'Ernesto, comme en réponse à une question, déclare :

— Fidèles à nos principes, déterminés… nous avons réussi, Alberto !

Je ne répondis rien car il avait tout dit, mais j'avais bien l'intention de rester un homme de principes et de détermination.

Le 27, nous sommes retournés au lac car nous souhaitions y naviguer en bateau, mais cela se révéla impossible : nous n'arrivions pas à nous faire comprendre des pêcheurs que nous avons croisés. Dans l'après-midi, nous nous sommes rendus au dispensaire de l'Unicef, qui vient de lancer une vaste campagne de désinfection pour éradiquer la malaria. En discutant avec le médecin de garde, j'ai appris qu'un spécialiste de la lèpre travaillait à Cuzco – un Dr Hermosa, dont j'avais fait la connaissance en 1950 lors d'une conférence sur la dermatologie et la syphilis à Tucumán, en Argentine. Je décidai d'aller le saluer, curieux de voir quel accueil on me réserverait.

Le 28, à 6 heures du matin, nous sommes montés dans un camion qui effectuait le trajet Puno-Juliaca. Il était bondé. Pourtant, à la sortie de la ville, grâce à l'art inimitable des chauffeurs de camion, véritables pionniers dans l'utilisation de l'espace interatomique, nous sommes parvenus à charger vingt cageots de patates, cinq barils et quatre ou cinq passagers supplémentaires.

Le paysage était plus aride qu'aux abords du lac, et son inclinaison vers la mer restreint l'apparition des pluies à la période estivale ; en hiver, il gèle, mais il ne neige jamais.

Le trajet fut difficile. Nous avons traversé des petites villes en pisé aux rues si étroites que le camion avait du mal à s'y faufiler.

En arrivant à Juliaca, nous nous sommes – comme d'habitude – présentés au commissariat de police. Puis nous sommes allés déjeuner – le repas coûte trois sols – et, de retour, nous avons compris que nous ne pourrions voyager plus loin aujourd'hui.

Peu de temps après, un sergent est entré dans le commissariat, saoul comme un coing, accompagné d'un officier lui aussi imbibé jusqu'à l'os. Après avoir copieusement juré et injurié ses hommes, il nous a soumis au même traitement. Mais nous lui avons joué un tour à notre façon et il ne nous a pas fallu longtemps pour nous entendre comme larrons en foire. Il nous a proposé de partager un verre avec lui et, à l'unanimité, nous lui avons emboîté le pas jusqu'à un bar à quelques mètres du commissariat. Le sergent a commandé une bouteille de *pisco*[1] et, pour montrer de quelle trempe

1. Liqueur péruvienne à base de sucre de canne fermenté.

128

il était, il a dégainé son revolver et a tiré en l'air. La balle a ricoché sur le plafond, puis sur l'un des murs et est venue se ficher dans une table voisine. Comme on peut s'y attendre, nous n'avons pas trouvé ça très drôle, pas davantage que le patron du bar. Bientôt, un capitaine de la Garde civile fit son entrée et entraîna le sergent à l'écart pour une petite discussion en privé. Ce dernier me regardait et me demanda, avec des signes de complicité excessifs :

— *Che*[1] *! Argentino !* Il te reste des pétards ?

Bien sûr, je lui portai secours et répondis que non, il ne m'en restait plus et qu'à vrai dire c'était moi qui les avais tirés. En même temps, j'adressai un signe au capitaine, comme pour lui dire : je fais ça pour tirer cet ivrogne, votre subordonné, d'un mauvais pas.

C'est à ce moment-là que nous avons entendu un camion klaxonner pour donner le signal du départ : nous avons aussitôt saisi cette opportunité de nous éclipser.

Le camion partait pour Cuzco. Le chargement était plus hétérogène que lors de nos précédents voyages. Bien sûr, la majorité des passagers étaient indiens (quechuas plus

---

1. « Che » est une expression utilisée en Amérique latine pour désigner les Argentins. Elle sert aussi d'interjection, pour pimenter une conversation. Ce sont ses camarades cubains au Mexique, pendant leur entraînement à l'invasion de l'île, qui ont surnommé Ernesto « El Che ». L'origine du nom reste obscure : guarani ou mapuche (deux tribus indiennes du continent), ou encore andalouse, par l'intermédiaire des conquistadors. Quoi qu'il en soit, Guevara l'a adopté rapidement – allant jusqu'à signer des billets « Che » lorsqu'il était directeur de la Banque nationale de Cuba.

qu'aymaras), mais il y avait aussi des métis ainsi que des gens de la côte – c'est-à-dire avec davantage de sang européen.

Nous roulions depuis peu lorsque nous avons été surpris par la pluie. Nous avons rapidement tendu une bâche au-dessus de nous, car les passagers métis et européens commençaient à s'énerver, à crier et faire des histoires. D'un autre côté, en route vers Puno quelques jours plus tôt, les seuls autres passagers étaient des Indiens, un déluge s'était abattu sur nous et seuls « Leurs Majestés messieurs les Blancs » avaient été priés de s'abriter dans la cabine, malgré la présence parmi les voyageurs de femmes, jeunes et vieilles, tout autant exposées que nous à la pluie. Malgré nos protestations et nos réticences – nous avions honte d'avoir la préséance sur des femmes –, nous avons fini par renoncer et rejoindre le chauffeur à l'intérieur.

La pluie se transforma en averse de grêle qui, par chance, ne s'éternisa pas car la bâche n'était pas en état d'y résister trop longtemps.

La nuit tomba. Avec quelques types venus d'Arequipa, nous avons commencé à chanter, puis le *pisco* est passé de mains en mains pour chasser le froid, et je me suis essayé à mâcher de la coca, par curiosité.

Pendant toute la durée de ce long trajet, des passagers montaient à bord, d'autres descendaient. La plupart étaient des femmes indiennes avec leurs enfants. Une fois encore, je ne pus m'empêcher de les trouver adorables, elles et leur progéniture. Elles s'en occupent avec une tendresse que je n'ai vue chez aucun autre peuple. Elles jouent avec eux tout le temps et leur donnent à manger tout ce qu'elles peuvent, jour et nuit. Leurs petits paraissent insatiables.

Le paysage par ici ressemble beaucoup au nord de la Patagonie : hauts et moyens plateaux entourés de collines. On voit çà et là des troupeaux d'alpagas, mais plus encore des lamas et des moutons. On m'a expliqué qu'alpagas et vigognes ne peuvent vivre qu'à très haute altitude, où l'herbe est très drue ; s'ils paissent où l'herbe est trop tendre, leurs dents risquent de trop pousser, comme il arrive aux castors.

De nouvelles pluies nous accueillirent à l'aube. Mais ce qui me gênait le plus, c'était la nausée que j'éprouvais depuis que j'avais mâché de la coca.

Nous sommes arrivés à Sicuani. Comme toutes les villes de la sierra, elle s'organise autour d'une petite place bordée par l'église et les bâtiments municipaux. À côté se trouve le marché où, dans un brouhaha de vociférations, les Indiennes, assises devant des marmites fumantes, vendent de la soupe, des bouillons au piment, des épis de maïs, du manioc bouilli et toutes sortes d'autres aliments dont la plupart nous étaient inconnus.

Après avoir déjeuné, nous sommes partis à la recherche d'un logement pour la nuit au poste de police. Comme d'habitude, notre demande a d'abord été reçue avec suspicion, mais plus les policiers nous ont laissés parler, plus nous avons gagné leur confiance, de sorte qu'ils ont fini par nous proposer de revenir dans la soirée pour dîner et dormir au poste.

En sortant, nous nous sommes promenés dans la ville et avons rencontré un homme complètement fou : il prétendait être le descendant des derniers chefs de la région.

Il nous a invités à venir prendre un thé chez lui et à écouter quelques-unes de ses compositions pour flûte. Mais le morceau qu'il a commencé à jouer était si médiocre que même Pelao s'en est aperçu. Nous avons fini notre tasse de thé et avons pris congé rapidement. Tout en continuant de nous promener en ville, nous faisions des projets concernant un prochain voyage en caravane.

Nous sommes encore au poste de la Garde civile, attendant d'un moment à l'autre le départ pour Cuzco.

Enfin le Machu Picchu

Cuzco, 31 mars 1952

Il était 9 heures ce matin quand nous avons quitté Sicuani. Le paysage par ici est plus subtropical, on aperçoit des petites propriétés entourées de parcelles de différentes cultures parfaitement délimitées. Chose curieuse dans cette région : les paysans cultivent tout en même temps. En ce moment, ils moissonnent le blé, récoltent le maïs et ramassent les haricots, le tout simultanément.

La route suit la rive droite de la Vilcanota, qui s'élargit et devient plus rapide à mesure qu'un nombre croissant de ruisseaux viennent la grossir. Les sierras sont couvertes de genêts en fleur. La route s'élève et redescend en suivant les ondulations du paysage, tantôt surplombant de cinq cents mètres les flots rugissants, tantôt les côtoyant au point qu'une bruine fraîche vient éclabousser les passagers.

Le camion-bus était chargé à ras bord d'une mosaïque d'Indiens, de métis et de Blancs. Des ouvriers en route vers leurs plantations, des étudiants partant passer des examens à l'université, des domestiques, des écoliers, etc. Comme d'habitude, nous avons remarqué que les métis sont ceux qui se montrent les plus cruels à l'égard des Indiens de souche.

Tout le monde paie le même prix pour le voyage, mais quand un métis ou un Blanc monte à bord, il se croit autorisé à prendre la place assise d'un Indien – qu'il s'agisse d'un homme ou d'une femme avec son enfant – et à s'y étaler confortablement. Les pauvres Quechuas, à qui l'on a inculqué depuis des générations qu'ils appartiennent à une race inférieure, une race d'esclaves, et qui savent que toute rébellion de leur part serait sévèrement punie, se résignent et vont s'asseoir où ils peuvent.

Le reste du trajet fut jalonné de hauts et de bas – il a fait chaud, puis il a plu, ensuite une averse de grêle a déchiré la bâche et nous nous sommes retrouvés trempés. Nous nous sommes vengés en volant du maïs en épi à la propriétaire du camion, une métisse profiteuse qui méprise son propre sang, et nous sommes partis sans payer pour le voyage.

Ici, nous nous trouvons vraiment dans le nombril du monde – raison pour laquelle les Indiens l'ont appelé Cuzco. C'est le cœur même de l'Amérique quechua et aymara.

Aujourd'hui, nous nous intéressons directement à l'architecture. Les églises sont une splendeur. Elles témoignent clairement de la fusion de l'art baroque et churrigueresque avec l'art indigène. Malheureusement, dans leur ignorance et leur fanatisme irrationnel, les prêtres espagnols voulaient prouver que leur dieu était plus puissant que Viracocha et ont donc fait construire leurs églises au sommet des temples du Soleil incas, détruisant ainsi un fabuleux héritage historique et artistique.

Cet après-midi, nous sommes allés au musée. J'y ai rencontré une jeune Indienne qui travaille au département des céramiques et qui m'a fait forte impression. Elle s'est amusée à me faire languir, mais je la crois plus en manque que moi, en tout cas dans une période d'abstinence à peu près aussi longue que la mienne, ce qui n'est pas peu dire.

Ce soir, nous nous sommes aperçus à la Bibliothèque nationale. J'y ai lu l'ouvrage que Manuel E. Cuadro a consacré aux églises de Cuzco et j'ai pris quelques notes afin d'être plus à même d'en apprécier le style lorsque je reprendrai mes visites demain. Il semblerait que Viracocha ait pris sa revanche sur les prêtres car en 1950 un tremblement de terre a décapité presque toutes les tours des églises.

Cuzco, 1er avril 1952

Je suis retourné au musée ce matin avec la double intention d'enrichir mes connaissances culturelles et de continuer mes manœuvres d'approche avec la jeune Indienne. Je n'évoquerai ici que ce qui concerne mon premier objectif.

La poterie est très similaire à celle des Indiens Diaguitas, au nord de l'Argentine, ce qui se comprend car cette région est restée sous domination inca pendant plusieurs siècles. La poterie et le travail du métal témoignent d'une finesse de réalisation supérieure à tout ce que je connais.

Certaines pièces, dans la salle d'anthropologie, montrent que les Quechuas pratiquaient avec succès les trépanations, ce qui place leur civilisation au même niveau que celle des Égyptiens.

Parmi toutes ces collections passionnantes se distingue une série de figurines et d'idoles fabriquées dans un matériau appelé *champis*, un alliage de cuivre, d'étain, d'argent et d'or. Les figurines représentent des scènes pornographiques avec un humour, un esprit et un bon goût qui révèlent tout le talent artistique des artisans.

On nous a montré une collection d'émeraudes représentant des idoles, des chefs, des rois, ainsi que des lamas et des vigognes en or, dont la valeur réside cependant plus dans le matériau utilisé que dans la qualité esthétique. Nous avons également vu des vases à anses en forme d'oiseaux ou de pumas qui sont de toute beauté. Ils évoquent des figurines assyriennes, ce qui confirmerait l'hypothèse selon laquelle il y a eu des flux migratoires de l'Asie vers l'Amérique préinca.

Nos notes à portée de main, nous avons ensuite repris notre visite des églises. La valeur des offrandes, dans certaines d'entre elles, est à peine croyable. À en croire l'affichette, l'ostensoir en or massif de la cathédrale pèse 13,2 kilos et contient deux mille deux cents pierres précieuses.

Pendant que tout cet or dort, inutile, María Magdalena, la jeune Indienne, m'explique que dans certaines écoles les élèves n'ont pas de manuel car il faut de l'argent pour les importer d'Argentine.

À l'heure du déjeuner, nous avons cherché le numéro de téléphone du Dr Hermosa dans l'annuaire et, dans l'après-midi, María Magdalena m'a accompagné jusqu'à son cabinet médical, situé très à l'écart des quartiers que je connais.

La salle d'attente était déserte. Une infirmière est apparue, à qui j'ai dit que je venais voir le docteur et qu'elle pouvait annoncer à son patron le Dr Granado.

— C'est une lettre de ce docteur que vous nous apportez ? m'a-t-elle demandé.

J'ai dû lui expliquer que ce Dr Granado dûment diplômé de l'université, c'était moi – malgré mon pantalon rapiécé de gaucho et ma veste en cuir informe.

Elle m'a invité à la suivre. Hermosa ne m'a pas reconnu. Par chance, j'ai remarqué, fixé au mur, une photographie prise durant l'un de ses voyages d'étude en Argentine. On y voyait des amis communs ainsi que des spécialistes de la lèpre tels Olmos Castro, Argüello Pitt, Garzón et d'autres. Je les lui nommai tous un par un, en lui rappelant la conférence de Tucumán en 1950 et la nuit que nous avions passée à boire du gin en écoutant des chansons d'Atahualpa Yupanqui[1].

Il m'a enfin reconnu et s'est mis à ma disposition. Je lui ai annoncé que je reviendrais le voir le lendemain avec Ernesto. Puis je suis parti car des patients commençaient à arriver.

La jeune Indienne m'attendait toujours, quelque peu surprise de voir le globe-trotter se métamorphoser en scientifique. J'ajoute que, comme 90 % des gens que nous avons rencontrés à Cuzco, elle prétend descendre

---

1. Atahualpa Yupanqui (1908-1992), célèbre guitariste et chanteur traditionnel argentin.

de l'une des plus anciennes familles quechuas de la région.

Cuzco, 2 avril 1952

Mon entrevue avec le Dr Hermosa s'est révélée très fructueuse. Il m'a proposé de nous aider à nous rendre au Machu Picchu et nous a prêté sa Land Rover pour visiter Ollantaytambo.

La route commence par grimper très raide, ce qui n'est pas très agréable, mais dès qu'elle entre dans la Vallée des Incas, tout change. Toute la montagne est cultivée, parfois à de telles altitudes que les laboureurs et leurs bœufs ressemblent à des insectes épinglés sur un présentoir.

Plus nous avancions, plus nous prenions conscience de la majesté de la chaîne de montagnes qui constitue l'autre rempart de la vallée. La couleur de la roche, les cimes enneigées enveloppées dans les nuages et le vert luxuriant qui tapisse les versants m'ont fait regretter que les Granado au grand complet ne soient pas avec moi pour admirer ce spectacle. Il m'arrive souvent d'imaginer que cette voiture est à nous et que toute la famille fait le voyage. Cet endroit donne envie de s'asseoir avec une palette de peinture et de ne pas repartir tant que la toile n'est pas achevée.

Nous sommes parvenus au pied de la vallée. Notre voiture se frayait un chemin sur des sentiers bordés de genêts en fleur, à l'ombre de capolins[1] et d'eucalyptus.

---

1. Cerisiers d'Amérique. *(NdT)*

L'air chaud et cristallin, les fleurs splendides et le grondement de la Vilcanota – tout concourt à rendre ce voyage inoubliable. (Lorsque nous ferons ce voyage en caravane, il faudra envoyer Maman et Papa à Cuzco par avion puis refaire ce trajet par la route.)

Nous avons continué à rouler, effrayant au passage quelques lamas et obligeant des paysannes à dégager de la route leurs ânes ébouriffés, qui nous regardaient passer avec une expression d'indifférence toute philosophique. Et soudain, toutes les beautés de la nature ont été égalées, sinon éclipsées, par le travail de l'homme : devant nous se dressait Ollantaytambo, une forteresse construite sur un pic rocheux quasiment inaccessible. Des blocs de granit pesant chacun plusieurs tonnes avaient été hissés jusqu'à des hauteurs invraisemblables. Un édifice si parfaitement conçu qu'il peut aussi bien servir à abriter des cultures de maïs en temps de paix que se transformer en forteresse inexpugnable en temps de guerre.

Pleins d'admiration et de joie, nous avons exploré chaque centimètre carré de l'édifice et de ses avant-postes, allant jusqu'à repérer où nous pourrions camper lors de notre prochain voyage en caravane.

Au retour, nous avons conduit plus lentement et pris le temps d'admirer quelques villages pittoresques, parmi lesquels Pucuyra, Talca et Yucay, le plus joli et le plus accueillant qui, des siècles plus tôt, était une sorte de lieu de villégiature pour les Incas.

Partout, nous avons vu comment les Blancs exploitaient les Indiens. Nous nous sommes aperçus que les parasites qui vivent en ville profitent des Indiens qui travaillent dur, en les envoyant de force récolter à des altitudes inhumaines. Un Indien que nous avons pris en stop nous a expliqué, dans un espagnol tâtonnant, de quelle façon il se faisait escroquer par un propriétaire terrien. Quelque dix ans plus tôt, il s'était marié et avait construit une petite maison au cœur de la jungle, à une altitude d'environ 600 mètres. Trois ans durant il a débroussaillé, brûlé le chaume et préparé la terre pour la rendre cultivable. Pendant tout ce temps, le propriétaire terrien ne lui a rien dit, mais quand la récolte a été prête, il a envoyé la police pour le faire exproprier. L'homme est alors parti avec sa femme et leurs deux enfants, pour s'installer un peu plus haut sur le versant de la montagne. Il a encore passé trois ou quatre ans à rendre praticable ce coin de brousse et, au moment où il pensait enfin pouvoir récolter les fruits de son labeur, le propriétaire l'a encore fait exproprier. Pelao et moi nous regardions sans savoir si une résignation aussi fataliste devait nous accabler ou nous révolter. Avec quelle docilité cet homme nous faisait le récit de cette injustice flagrante et impunie !

Machu Picchu, 5 avril 1952

Nous attendons à la gare le train qui doit nous ramener à Cuzco – et au XXᵉ siècle. Je suis encore écrasé par le poids de tout ce que nous avons vu, conscient de l'étendue de notre méconnaissance de notre Amérique natale. Combien les paroles de Fúser, à Zapala, se révèlent prophétiques :

— Pile et face, Petiso ! La pièce de monnaie aura toujours deux côtés : pile et face…

Voici ce qui s'est passé ces derniers jours. Nous sommes partis pour le Machu Picchu au matin du 3. Le parcours du chemin de fer emprunte des côtes si raides que le train doit circuler en zigzag, à la manière d'un funiculaire. Pendant une partie du trajet, la locomotive pousse les wagons, puis elle les tire. La voie ferrée longe le Pomatales, un affluent de la Vilcanota. Plus on grimpe, plus la végétation se fait tropicale et luxuriante ; les collines sont couvertes de genêts et, au pied de la montagne, les capolins sont chargés de fruits. Nous avons traversé plusieurs villages : Pucuyra, Iracuchaca, Huacondo et d'autres encore. Chaque fois, nous étions abordés par des femmes indiennes qui nous offraient de la nourriture : épis de maïs fumants, fromage de chèvre odorant, manioc à la sauce piquante… Des plats aux saveurs exotiques pour nos papilles.

À l'endroit où le Pomatales se jette dans la Vilcanota, les montagnes environnantes se font plus hautes et plus abruptes. On aperçoit des chérimoliers[1] ainsi que des *torocs*, différentes sortes de fougères et de merveilleux bégonias. (À ce stade, ma mère et Maso auraient certainement rempli la caravane de plantes.) Le fleuve se transforme peu à peu en torrent furieux et les rapides succèdent aux rapides, avec des vagues dont les crêtes se dressent à plusieurs mètres, dans un fracas que les Indiens appellent le Grand Rugissement.

Arrivés au Machu Picchu, nous sommes descendus à quai et avons mis le cap sur les ruines, huit kilomètres

---

1. Arbre de la famille du corossol et de la pomme-cannelle, dont le fruit comestible rappelle la fraise et l'ananas. (*NdT*)

plus haut. Nous avons suivi un ancien chemin muletier, plus raide mais moins long que la route.

Nous nous sommes arrêtés dans un hôtel près des ruines. Il était désert, heureux présage pour nous. Le responsable jouait au football avec quelques employés sur un petit terrain. Nous leur avons demandé si nous pouvions nous joindre à eux, ce qu'ils ont accepté, quelque peu surpris. À la fin du match, nous nous sommes présentés. Le tenancier est un écrivain, peut-être l'un de ces activistes de gauche contraints de disparaître pour échapper aux persécutions d'Odría[1]. Il a tout de suite senti à qui il avait affaire et compris que nous manquions moins d'intelligence et de connaissances que de vêtements et d'argent. Il nous a offert le gîte et le couvert, gratuitement.

Nous sommes allés voir les ruines de plus près. Le paysage à lui seul mérite le déplacement. Toutes les constructions, en granit blanc, ont été érigées sur un promontoire de six cents mètres de hauteur qui domine le fleuve, lequel sinue dans une gorge étroite flanquée de hautes collines, dont certaines sont couvertes de neige. Le crépuscule n'allait pas tarder, et quelques nuages bas coiffaient progressivement les pics, comme des voiles de gaze gris. Quelques filets d'eau complétaient ce paysage somptueux de gracieuses cascades.

Mais si tout dans la nature évoque ici la grandeur, les œuvres de l'homme ne sont pas en reste. Enclose dans l'ombre du Huayna Picchu se trouve l'une des plus

---

1. Manuel A. Odría (1897-1974), dictateur péruvien qui fut président de 1950 à 1956.

grandes réalisations de la civilisation indigène d'Amérique du Sud.

Le sommet du Machu Picchu, qui donne son nom à la ville (anciennement Vilcacampa, selon la légende), est cerné de trois côtés par le fleuve Vilcanota. L'unique voie d'accès est un chemin, côté sud. Je devrais décrire la forteresse à partir de là : en arrivant à une tour de guet faite de blocs de granit blanc pouvant contenir dix à douze hommes. De là, on descend jusqu'à la zone renfermant la cité royale proprement dite. Le temple du Soleil domine la vallée orientale, juché au-dessus d'une caverne creusée dans la roche, qui devait faire office de mausolée royal. Le temple lui-même a été taillé dans cette roche, et les blocs de granit blanc s'ajustent à la perfection, sans aucune disjonction. Plus les murs s'élèvent, plus les blocs sont petits, conférant au temple un caractère inaltérable et une délicatesse, une grâce uniques. Sa forme semi-circulaire lui a valu parmi les visiteurs le surnom de Tourelle. Il est percé de plusieurs fenêtres, dont l'une repose sur deux blocs coulissants traversés de cannelures d'environ cinq centimètres de diamètre. C'est là qu'était serti le disque d'or symbolisant le soleil. Nous sommes redescendus à la tombée de la nuit. Le tenancier de l'hôtel nous attendait pour dîner.

Avant de me mettre au lit, j'ai feuilleté le livre que m'a prêté le guide. C'est un recueil de lettres de Bolívar[1]. À la fois pénétrantes et toujours d'actualité, elles ont enflammé mon imagination. Je me suis dit que j'avais

---

1. Simon Bolívar (1783-1830), général vénézuélien et homme d'État qui libéra du joug espagnol sept pays d'Amérique du Sud.

raison d'obéir à la voix impérieuse de mon sang qui m'intimait l'ordre d'explorer l'Amérique du Sud jusqu'à ce que je trouve quelque chose de nouveau, qui me permette d'exprimer tout mon potentiel physique, scientifique et intellectuel.

Le 4 à l'aube, nous étions déjà à pied d'œuvre et entamions l'ascension du Huayna Picchu – le Jeune Pic, par opposition au Machu Picchu, le Vieux Pic. Ce Jeune Pic s'élève à 370 mètres au-dessus de la forteresse de Vilcacampa. Le sentier est raide, mais ne présente guère de difficulté pour le marcheur. Nous avons atteint les ruines de la petite forteresse, pris quelques photos et laissé sur place une bouteille renfermant un papier avec nos signatures, dans l'idée de venir la récupérer lorsque nous reviendrons – si nous revenons jamais.

En redescendant, nous sommes tombés sur un champ de fraises et nous nous sommes régalés. Dans l'après-midi, nous sommes allés voir la chambre du Sacrifice, située dans la Tourelle. Nous avions pris le maté et la bouilloire, que j'ai mise à chauffer sur un feu que j'avais allumé. Puis je me suis allongé sur la pierre sacrificielle. Je pensais aux lettres de Bolívar. Fúser, assis sur un rocher voisin, préparait le maté tout en lisant un livre de Bingham[1], l'homme qui redécouvrit le Machu Picchu.

Sortant de ma rêverie, j'annonçai soudain à Ernesto :

— Tu sais ce que je vais faire ? Je vais épouser María Magdalena. Puisqu'elle descend de Manco Capac II, je deviendrai Manco Capac III. Je formerai alors un parti

---

1. Hiram Bingham (1875-1956), archéologue américain. Son livre *The Lost City of the Incas* retrace sa découverte du Machu Picchu en 1911.

pro-indien, j'emmènerai tous ces gens voter sur la côte et ce sera le début de la nouvelle révolution de Tupac Amaru, la révolution indoaméricaine !

Ernesto me regardait et m'écoutait avec un sérieux disproportionné, compte tenu de l'humour de ma remarque. Sa réponse, une fois encore, me frappa par son côté résolu :

— Une révolution sans tirer un coup de feu ? Tu es fou, Petiso !

J'ai écrit tout ce qui précède assis sur une valise. Le chemin du retour est beaucoup plus lent que le voyage aller. Le train reste plus longtemps à l'arrêt qu'il ne roule. Les passagers montent ou descendent pour aller cueillir des fleurs de *ñucchu*, en prévision de la procession de lundi[1]. Voilà neuf heures que nous avons laissé derrière nous la splendeur de la civilisation inca, et Cuzco n'est toujours pas en vue. J'ai passé tout ce temps à méditer sur la beauté que j'ai pu admirer, sur tout ce que j'ai appris et tout ce qu'il me reste à apprendre. Je repensais aussi à la pauvreté de ces femmes, à moitié cachées derrière la vapeur de leurs marmites de soupe bouillante, luttant pour gagner un peu d'argent pour leurs enfants, ainsi qu'aux paroles de Pelao. Ses mots ne sortent pas de mon esprit :

— Une révolution sans tirer un coup de feu ? Tu es fou, Petiso !

Quand on y réfléchit bien, cela ressemble beaucoup à la réponse qu'il avait donnée, dix ans plus tôt, quand

---

1. La fleur de *ñucchu* était autrefois offerte aux dieux Kon et Viracocha. De nos jours, ses pétales rouges, symbole du sang du Christ, sont lancés par les fidèles. *(NdT)*

nous exhortions les étudiants du secondaire de manifester en faveur des centaines d'universitaires envoyés en prison. C'était en décembre 1943. J'avais participé à la grève estudiantine de l'université de Córdoba, occupée sur ordre du gouvernement *de facto* du général Farrel[1]. Je l'avais payé, ainsi que les autres membres du syndicat étudiant, d'un séjour en prison.

Pendant ma détention, mes frères m'apportaient de la nourriture que nous mettions en commun avec les produits apportés par les parents d'autres étudiants et les membres du comité de grève, afin de compenser l'infâme rata qu'on nous servait au poste de police en attendant notre procès. Je profitais des dix minutes de parloir qui nous étaient accordées pour faire passer l'idée que nous avions déjà suggérée à de nombreux visiteurs : organiser une manifestation de lycéens pour réclamer notre libération ou, à tout le moins, l'organisation rapide d'un procès. Pour le moment, nous avions purement et simplement été kidnappés, nous ne figurions sur aucune liste en tant que prisonniers.

Pour mon frère Tomás, ma plaidoirie était une bonne idée ; Pelao, lui, me réservait une de ses célèbres répliques :

— Organiser une manifestation alors que nous n'avons pas d'armes ? Ils nous tomberaient dessus à bras raccourcis ! Jamais de la vie… Moi, je n'y vais pas sans mon revolver.

---

1. Edelmiro J. Farrel (1887-1980), général argentin, présida de fait l'Argentine de 1944 à 1946.

En dix ans, sa conception n'a pas changé : la révolution ne peut triompher que dans l'odeur de la poudre. Deux périodes distinctes, mais une seule attitude face à la vie.

La léproserie de Huambo

Aujourd'hui, nous avons assisté à la cérémonie d'inauguration d'une des tours restaurées de la cathédrale détruite par le tremblement de terre de 1950. Au sommet de la tour se trouve l'une des plus grosses cloches du monde, la María Angola. On dit que la gravité de son carillon est due à la quantité d'or utilisé pour sa fabrication.

Détail très intéressant – pour nous, en tout cas –, au lieu de jouer la Marche royale espagnole, la fanfare a interprété l'hymne de la République espagnole. Les efforts désespérés déployés par le consul d'Espagne pour y mettre un terme valaient le détour. Pelao et moi avons été pris d'un fou rire et en sommes arrivés à la conclusion que Tupac Amaru, les Quechuas et le peuple espagnol venaient de se venger de l'Église et du franquisme.

Dans l'après-midi, nous sommes rentrés pour aller visiter Sacsa Huamán. Sans nul doute, cette forteresse majestueuse n'a rien à envier au Machu Picchu, mais, malheureusement, sa facilité d'accès a permis aux Espagnols de prélever sur ses murailles les pierres dont ils se sont servis pour bâtir leurs églises. La forteresse est divisée en deux parties. Dans la première se trouve le trône de l'Inca, auquel on accède par plusieurs escaliers – certains constitués de trois ou quatre marches gravées dans le même bloc de granit. La seconde partie de la forteresse abrite plusieurs fontaines ainsi qu'une construction en demi-cercle où était située la maison du Soleil, ou Intihuatana.

Certains blocs pèsent plus d'une tonne et l'une de leurs caractéristiques les plus typiques et les plus impressionnantes est la façon dont ils sont agencés les uns par rapport aux autres. Il existe plusieurs théories à ce sujet, dont l'une explique que ce mode d'imbrication permettait de retirer un bloc pour le remplacer sans affecter la stabilité de l'ensemble. Certains blocs ne présentent pas moins de douze côtés. Un de ceux du Machu Picchu en avait trente-deux.

Selon une légende, les Incas étaient capables de manipuler ces blocs sans effort grâce à une herbe dont le jus amollissait la pierre jusqu'à la rendre malléable comme de l'argile. Notre guide nous a parlé d'un oiseau qui, emportant dans son bec un brin de cette herbe, s'en servait pour faire son nid au cœur de la roche. C'est une très jolie légende, mais Pelao et moi-même savons que le jus capable d'attendrir la roche pour parvenir à construire de telles merveilles n'est autre que le travail de l'homme et son ingéniosité.

Nous avons mangé au marché, où nous avons demandé cet étrange ragoût appelé *ajiaco* et servi sur une feuille de maïs ou de chou en guise d'assiette. Ensuite, nous sommes allés voir la procession du Seigneur des Tremblements de terre. C'est une vraie fête païenne : pour un peu, on s'attendrait à voir les Quechuas retirer leur poncho et se mettre à danser autour de la statue, criant et hurlant en tapotant leur bouche avec leur main comme dans les films de Hollywood.

L'effigie du Christ, réalisée avec une pâte sombre qui lui donne une couleur cuivrée et foncée, était portée tout le long par des Indiens en haillons suivis par une fanfare militaire assourdissante. Ils étaient suivis par plusieurs officiels de tous rangs, puis par une grande foule d'Indiens misérables, les femmes portant leurs enfants sur leur dos, et tous bavardant, mâchant de la coca ou grignotant des épis de maïs tandis que volaient au-dessus de leur tête les fleurs de *ñucchu* jetées des fenêtres.

Les habitants de Cuzco fermaient la procession, poussés sans doute par leurs maîtres ou par la peur que les prêtres ont instillée dans leur esprit. L'attitude des Indiens me laisse en tout cas penser qu'ils croient dans le Christ autant que Fúser et moi.

Abancay, 11 avril 1952

Nous nous trouvons au bord d'un des nombreux canaux qui cernent la ville. L'endroit est une sorte de paradis, le climat est chaud sans être tropical, un ruisseau qui s'élargit jusqu'à former un petit étang où l'on peut se baigner, tandis que les néfliers et les figuiers dispensent leur ombre et nous offrent leurs fruits. Il ne manque plus qu'Ève et le Serpent – surtout Ève, d'ailleurs.

Mais revenons à nos dernières journées à Cuzco. Munis d'une lettre de recommandation du Dr Hermosa à l'intention du responsable de la léproserie de Huambo, et après mon retrait stratégique du cœur et de la maison de María Magdalena, nous avons repris nos préparatifs en vue de poursuivre notre voyage. Nous avons passé plusieurs jours à manœuvrer – et à attendre. Nous avons installé nos quartiers dans la caserne de la Garde nationale.

Nous partagions notre chambre avec un officier aux arrêts qui s'est révélé digne d'avoir sa place dans notre incroyable galerie de portraits. Il est infiniment plus cultivé qu'un officier moyen, son imagination paraît sans limites et son esprit est imprégné du même impérialisme que l'écrasante majorité des militaires péruviens. Nous avons abordé avec lui plusieurs sujets, mais nous revenions toujours à cette manie de l'annexion qui, chez le soldat péruvien, confine à la pathologie.

Il a d'abord tenté de nous convaincre que le Pérou devait déclarer la guerre au Chili. Puis, comme si cela ne suffisait pas, il était à ce point déconnecté de la réalité qu'il s'est mis à parler de bombarder les centres de production et de paralyser les centrales hydroélectriques. Nous lui avons demandé ce qu'il entendait par « paralyser ». Les armes et les munitions du Chili sont en effet toutes importées des États-Unis, et les usines hydroélectriques ne servent qu'à fournir un faible éclairage pour quelques rues – elles ne servent plus à aucune industrie majeure. En outre, pour mener à bien une telle opération militaire, le Pérou aurait besoin d'avions ayant un champ d'action de 4 000 kilomètres minimum – des appareils que les Yankees, leurs maîtres, ne leur ont jamais vendus et ne les autoriseront jamais à posséder.

Nous avons donc réfuté tous ses arguments en bloc, mais nous l'avons aussi amené à admettre qu'au lieu d'honorer les héros de la Libération, l'armée se consacre uniquement à chanter les louanges de deux ou trois généraux vaincus lors de la guerre fratricide contre leurs frères chiliens.

Après cette dernière discussion, nous nous sommes efforcés de ne plus trop lui parler. J'ai passé mon temps à lire en bibliothèque tandis que Fúser retournait au musée – un endroit que j'évitais, pour les raisons mentionnées plus haut.

Quand j'étais obligé de quitter la bibliothèque, à l'heure de la fermeture, je retournais à la caserne où m'attendait le seul ouvrage intéressant que j'y avais trouvé : le *Napoléon* de Dimitri Merejkovski. Pas aussi bon que son *Leonardo da Vinci*, mais il se lit bien quand même et met en lumière certains aspects du personnage qui m'étaient inconnus.

Enfin, nous avons réussi à nous faire prendre à bord d'un véhicule partant pour Abancay, sur la route de Huambo. Comme à l'accoutumée, la route nous a réservé de magnifiques surprises : elle monte continuellement depuis Cuzco jusqu'au village d'Abra. Nous avons commencé à gravir un pic couvert de neige et, après quelques minutes, nous roulions sur un haut plateau, à la même altitude que les cimes enneigées des montagnes. Au crépuscule, nous avons entamé la descente dans un brouillard épais qui conférait à notre périple une nouvelle dimension : le danger.

Depuis la route, le fleuve Apurimac ressemblait à un fin ruban d'eau sinuant entre des petites éminences qui sont en réalité d'énormes collines. La route est extrêmement difficile, jalonnée de virages qui longent des précipices à pic, mais la beauté du paysage nous faisait oublier le danger. Plus tard, comme le soleil se couchait, ses ultimes rayons firent briller les sommets immaculés d'un splendide éclat argenté. Ce spectacle, et celui des cimes montagneuses couronnées de nuages, me rappela que la beauté ne connaissait pas de limites.

La lune apparut pendant notre descente, nimbant de son halo le sommet des plus hautes collines. Sur plusieurs centaines de mètres, d'épais nuages pesaient au-dessus de nous ; nous roulions à une vitesse vertigineuse et, au fur et à mesure de notre progression, nous avions le privilège rare de voyager sous un ciel tantôt clair, tantôt nuageux.

Nous sommes arrivés à Abancay. En moins d'une heure, nous étions passés du froid quasi polaire d'Abra au climat chaud de la vallée. Nous nous sommes présentés à l'hôpital, où nous avons pu partager le dîner de nos hôtes avant de filer au lit.

Aujourd'hui, 11 avril, nous nous sommes reposés un peu au bord du canal avant de retourner à l'hôpital. Nous avons déjeuné, lavé notre linge et discuté un peu avec les infirmières de méthodes de laboratoire cliniques. Comme en d'autres circonstances, c'est sur les aventures de notre voyage que la conversation s'est rapidement orientée, et nous avons fini par partir chacun de son côté avec une infirmière pour bavarder et flirter.

Nous nous sommes retrouvés en fin de journée pour une petite balade en ville, qui s'est terminée au bord du ruisseau. Allongé sur le dos, le regard perdu dans le ciel, je tentai de me laisser emporter au fil de mes pensées, mais le spectacle qui s'offrait à mes yeux était si magnifique que je n'y parvins pas. Le ciel était en train de virer d'un bleu pâle à une nuance nacrée de rose, de plus en plus pâle. À ma gauche, la chaîne de montagnes nimbée de son éternel cortège nuageux se parait d'une teinte bleu-gris de plus en plus sombre. Si je basculais la tête légèrement en arrière, j'apercevais un fragment de ciel encore bleu, découpé en formes fantastiques par les eucalyptus bordant le ruisseau. Les premières étoiles se mirent à scintiller et toute cette symphonie de couleurs fusionna en une même pénombre grise.

Nous avons rebroussé chemin. Après une brève discussion – je voulais revenir exactement sur nos pas et Fúser préférait prendre un raccourci par le versant d'une colline –, nous avons choisi de suivre un sentier au hasard. Il se perdait dans un sous-bois et nous avons commencé à grimper dans l'obscurité, à la recherche de la route qui longe le bord du ravin.

L'ascension devenait de plus en plus dure. Nous devions nous agripper aux ronces et aux arbres pour nous hisser, jusqu'à ce que nous arrivions enfin dans un champ, près d'un muret de pierre. À peine l'avions-nous escaladé que nous sommes tombés nez à nez avec le fermier, qui a dû nous prendre pour deux démons car il a pris ses jambes à son cou en criant : « Viracocha ! » Nous avons réussi à le rattraper et à lui expliquer que nous cherchions à rejoindre la route principale. S'étant ressaisi, il nous a indiqué la direction à suivre.

À proximité de la ville, nous avons aperçu une longue colonne de torches qui s'est révélée être la procession du Jeudi saint : un cortège de jeunes filles d'écoles catholiques flanquées des grenouilles de bénitier locales.

De retour à l'hôpital, nous avons donné une conférence sur la lèpre et l'asthme – qu'Ernesto a fort opportunément illustrée d'une brutale crise d'asthme nécessitant deux injections d'adrénaline consécutives.

Huancarama, 13 avril 1952

Comme les médecins que nous avait conseillés le Dr Hermosa ne connaissaient rien à la lèpre et ne s'intéressaient pas à notre visite de la léproserie, nous avons décidé de poursuivre notre route par nos propres moyens.

Un camion nous a déposés dans une petite ville où je me suis payé la peur de ma vie. À peine étions-nous arrivés que j'ai dû administrer une piqûre à Pelao en raison d'une nouvelle crise d'asthme aiguë qui l'a rendu psychologiquement très vulnérable car nous venions d'utiliser notre dernière dose d'adrénaline et il n'y avait en ville ni clinique ni pharmacie.

Sur le coup de 4 heures du matin, Ernesto, à bout de nerfs, me tira de mon sommeil : sa crise d'asthme redoublait de violence. Puisque nous n'avions plus d'adrénaline, il ne me restait qu'à lui injecter en intraveineuse du chlorure de calcium qui, provoquant en lui une décharge de stress, stimulerait sa propre sécrétion d'adrénaline.

Je sortis dans la rue, puisai un peu d'eau dans le ruisseau derrière la ferme où nous étions installés, m'en servis pour stériliser l'aiguille et la seringue et administrai l'injection à Ernesto. Il se calma un peu et je me rendormis.

Des gémissements me réveillèrent brusquement. Je craquai une allumette : en voyant Pelao, je bondis hors de mon lit. On l'aurait dit en pleine crise de tétanie : le corps cambré, cloué au sol par le cou et les talons, la bouche et le visage crispés : signes qu'en jargon médical on qualifie d'« opisthotonie » et de « trismus » et qui sont les symptômes du tétanos.

Je ne savais pas quoi faire. Je compris tout à coup qu'au printemps l'eau peut contenir des germes tétaniques susceptibles de provoquer une crise. Mais aussitôt, je pensai : non, pas en un laps de temps si court. Par chance, les contractions diminuèrent, le corps d'Ernesto reprit peu à peu une posture normale et les gémissements se transformèrent en ronflements qui, si gênants qu'ils eussent pu me paraître par le passé, résonnaient à présent à mes oreilles comme une musique céleste.

Après une nuit si difficile, nous nous sommes réveillés tardivement et sommes allés négocier auprès du « gouverneur » de la ville le prêt de deux chevaux afin de nous rendre à Huambo. On nous les apporta vers 11 heures, mais je ne suis pas certain qu'ils méritaient le nom de « chevaux ». De la taille d'un âne ordinaire, ils étaient si décharnés qu'ils ne donnaient pas l'impression de pouvoir supporter notre poids.

Guidés par un jeune Indien, nous nous sommes mis en route pour Huambo. Les animaux avançaient à un rythme plus lent que celui d'un homme marchant à pied. Ils n'en changèrent pas de tout le trajet.

Avec ses sacoches, sa veste en cuir et ses longues jambes, Fúser offrait le portrait craché du héros du roman de Benito Lynch[1], *L'Anglais aux os,* alors que, sous mon poids – aggravé par le sac à dos et les couvertures –, ma pauvre rossinante soufflait et haletait.

Pour atteindre Huambo, nous devions traverser une succession de collines couvertes de végétation, parsemées de genêts dorés et d'autres espèces inconnues. Le sentier est très accidenté, longeant parfois de profonds précipices au pied desquels ondule une rivière, ou encore descendant au niveau du cours d'eau et le coupant. Nous passions dans des zones désertiques, croisant par moments des Indiens qui avaient commencé à fêter Pâques la veille. Ces fêtes durent une semaine, durant laquelle tout le monde – hommes, femmes et même enfants – boit de la *chicha,* une liqueur de maïs, et de l'alcool de sucre de canne. Ils dansent au son de divers tambours, flûtes de pan et fifres jusqu'à ce que l'alcool et la fatigue les submergent, les laissant avachis dans un coin de leur cabane ou au bord du chemin, si le sommeil les prend alors qu'ils s'apprêtent à rendre visite à des amis.

Ainsi, de village en village, le bruit des festivités des Indiens nous accompagnait. Le trajet commençait à paraître long et de plus en plus ardu. Il nous semblait gravir de véritables escaliers sculptés dans la roche et seules nos montures, du fait de leur petite taille et de leur habitude du terrain, étaient capables de suivre le chemin sans perdre l'équilibre.

---

1. Benito Lynch (1885-1951), écrivain argentin dont le célèbre roman *L'Anglais aux os* met en opposition l'esprit européen et celui du créole local.

Pendant que nous avancions, un couple d'Indiens nous suivait – une femme entre deux âges et un garçon, celui-là même qui nous était venu en aide au début du parcours. Il leur arrivait de s'adresser à nous en quechua, mais, la femme portant plusieurs paniers, nous pensions qu'ils voulaient nous vendre quelque chose et ne leur prêtions pas attention.

Après trois heures de chevauchée, ayant traversé une série de collines dont nous espérions que chacune serait la dernière, nous sommes finalement parvenus dans une vallée. Nous étions sur une plaine, un vaste canyon se creusait sur notre droite, bordé de montagnes partiellement cultivées. Les différentes nuances de vert formaient un patchwork que surplombait une *hacienda* au toit rouge. Tout autour, une forêt qui nous paraissait impénétrable. À notre gauche, au loin, Huambo était enfin en vue.

Profitant d'une pause, le duo qui nous escortait s'approcha et le petit Indien nous expliqua, dans un espagnol rudimentaire, que l'un des chevaux lui appartenait et que l'autre était celui de la pauvre femme. Le lieutenant gouverneur les leur avait volés et s'ils nous suivaient, c'est qu'ils espéraient bien repartir chez eux avec leurs bêtes dès que nous aurions atteint notre destination. Ils vivaient près d'Abancay, c'est-à-dire à plusieurs kilomètres de notre point de départ, dans la direction opposée.

Profondément attristés à l'idée d'être responsables d'un tel manque de respect envers d'autres êtres humains, nous avons déchargé nos montures et les avons rendues à leurs propriétaires. Puis, pour apaiser nos remords, nous avons donné à l'Indien et à la femme un sol et leur avons proposé de les prendre en photo. Le jeune garçon a posé devant l'objectif avec un grand sourire, mais la descendante de Mama Oello, satisfaite d'avoir récupéré son cheval, est partie aussitôt sur une petite route qui descendait vers le ravin sans attendre d'autre compensation.

Nous sommes repartis à pied, discutant du comportement ignoble de ces hommes qui, du simple fait de leur statut officiel, croient détenir le pouvoir de contrôler la vie et les biens d'autrui.

Nous avons fait halte à l'ombre d'un figuier de Barbarie chargé de fruits qui ont apaisé notre faim et étanché notre soif. Quelques minutes plus tard, au bout d'un sentier boueux et ombragé de capolins dont le feuillage dense empêchait les rayons du soleil de filtrer, nous nous retrouvions face à la léproserie de Huambo.

Il est difficile de décrire mes sentiments à cet instant précis. Même si les cabanes que nous avions croisées en route – et, surtout, l'isolement de toute forme de civilisation – m'avaient préparé à trouver un endroit totalement inadapté, tout ce que j'avais imaginé pâlissait devant la réalité. Je jetai un coup d'œil à Fúser ; à en juger par l'expression de son visage, il pensait la même chose que moi.

Le prétendu hôpital se compose de deux zones principales. Comme dans la plupart des établissements de ce type, l'une des ailes est appelée « zone de santé ». C'est là que travaillent les employés. Elle est constituée de deux salles d'environ quinze mètres carrés, avec des murs en pisé et un toit de chaume. Une pièce fait office de dispensaire, de salle à manger et contient un bureau pour l'accueil et l'administration. La deuxième sert de pharmacie, cabinet de consultation, infirmerie et salle d'archives. Je ne sais qui a inventé ce qu'on appelle l'ordre, toujours est-il qu'il n'aurait jamais pu ranger ces deux zones. Nous n'avons donc pas été gênés de voir des bandages traîner par terre, des doses de sulfamide entassées dans un coin et les dossiers des patients dans un autre, ni ce fouillis de blouses et de gants chirurgicaux suspendus à un clou. D'une façon générale, et dans ce contexte précis, tout était relativement propre.

L'équipe se compose d'un médecin-chef et de trois infirmiers. Ils nous ont reçus avec beaucoup de chaleur et nous ont proposé de les accompagner le lendemain dans leur tournée des malades. Aujourd'hui, ils vont nous loger dans une *hacienda* voisine car le sanatorium ne dispose d'aucune structure d'hébergement.

Huambo, 14 avril 1952

Aujourd'hui, nous avons vu l'autre partie de l'hôpital : la section réservée aux malades. Si l'impression causée par la visite de la zone réservée au personnel était affligeante, celle provoquée par cette section-là fut pire encore. Les deux zones sont séparées par un mur mitoyen et celle des malades se subdivise en quatre ailes. Chacune est constituée de trois petites cabanes en terre sans fenêtres, et chaque cabane abrite quatre patients. Les plus pauvres végètent sur des paillasses en roseau dans ces taudis de moins de deux mètres sous plafond, sans aucune installation sanitaire.

Un peu plus loin, une nouvelle zone délimitée par un mur en adobe où les patients encore doués d'un peu d'autonomie trompent leur ennui en plantant du manioc, des patates, des *ocumos* et du maïs. C'est là tout ce qu'il y a à voir dans la léproserie de Huambo.

Alors que nous bouclions notre visite, une nouvelle venue s'est présentée à l'accueil. C'était une jeune femme originaire d'Iquitos dont la lèpre avait été diagnostiquée lorsqu'elle se trouvait à Cuzco. En se retrouvant dans cette minuscule pièce, elle n'a pas pu s'empêcher de sombrer dans un désespoir tout à fait légitime. Nous avons tenté de la consoler par quelques paroles amicales, assis dans une posture aussi paternelle que possible sur le rebord de son lit. Nous essayions de la convaincre de suivre un traitement médical, pour pouvoir rentrer prochainement chez elle. Lorsque nous l'avons laissée, elle semblait quelque peu rassérénée.

Puis nous sommes allés voir une autre malade – l'ancienne institutrice d'une école voisine. Elle s'est montrée très émue lorsque, pour la saluer, nous lui avons serré la main et que nous nous sommes assis sur les mêmes chaises qu'elle. Ses larmes, où se mêlaient le chagrin et la joie, nous émurent à leur tour. Nous l'avons prise en photo avec nous et avons poursuivi notre tournée.

Une autre triste rencontre nous attendait. Dans la dernière des cabanes, quatre enfants, tous âgés de moins de six ans, vivaient avec leurs parents, atteints de lèpre lépromateuse. Nous avons voulu vérifier que les enfants avaient bien reçu leur BCG[1], en vue d'accroître leur résistance ; bien entendu, ça n'était pas le cas. Ils ont donc

---

1. Bacille de Calmette et Guérin, ou bacille de Koch, inoculé contre la tuberculose.

certainement développé un terrain propice, hérité de leurs parents, et comme ils vivent en contact permanent avec eux, ils sont condamnés à contracter cette maladie tôt ou tard.

À la fin de notre visite, certains malades se sont réunis pour nous donner un aperçu de leurs talents artistiques. Il y avait notamment là un trio remarquable, qui jouait sur des sortes de violons à une corde qu'ils ont eux-mêmes fabriqués.

Puis nous avons rencontré les véritables héros anonymes qui luttent pour maintenir l'activité de l'hôpital : M. Montejo et ses trois assistants, Vivanco, Montoya et Valdivia. Ils nous ont expliqué qu'ils souffrent d'une pénurie de médecins fiables : le leur peut parfois laisser passer deux mois sans se montrer à la léproserie.

Nous les avons interrogés à propos des enfants. Ils nous ont expliqué qu'il était impossible de convaincre les parents de se séparer d'eux et que, s'ils les y contraignaient par la force, les parents s'enfuiraient sûrement de l'hôpital. Quant à leur vaccination par BCG – à l'origine utilisée contre la tuberculose, mais qui permet aussi de développer des anticorps protégeant l'organisme du bacille de Hansen[1] –, les assistants nous ont dit qu'après avoir longuement sollicité les autorités, celles-ci n'ont pas pu leur fournir le vaccin demandé, malgré les demandes répétées du Dr Pesce, seul médecin péruvien traitant les victimes de la maladie de Hansen.

---

1. L'autre nom de la lèpre est la maladie de Hansen, du nom de G. H. Hansen (1841-1912), le médecin qui découvrit le bacille de la lèpre.

Néanmoins, le panorama n'est pas aussi sombre qu'il y paraît. Tout d'abord, la pharmacie est mise à jour régulièrement. Les patients reçoivent de la promanide et du sulfetron, traitements à ce jour les plus efficaces contre le *Mycobacterium leprae*. On leur administre également du sulfate de fer pour combattre l'anémie. La nourriture est très correcte et les malades peuvent améliorer leur ordinaire avec des légumes verts qu'ils ramassent eux-mêmes, ou compléter leurs apports en protéines en mangeant des *cuises*, cochons d'Inde en général utilisés comme cobayes dans le laboratoire et qui, ici, atteignent une taille et un poids remarquables.

Mais le plus extraordinaire est la façon dont M. Montejo et ses assistants traitent leurs patients : ils leur manifestent une affection et une sympathie profondes, qui compensent les nombreuses lacunes de l'hôpital.

Cet après-midi, nous avons visité un nouveau sanatorium, construit à deux kilomètres de l'ancien. Comme on pouvait s'y attendre dans cette région, la route pour y parvenir est extrêmement pittoresque : elle sinue au cœur d'une vallée, sur les rives d'un petit fleuve, puis grimpe entre les collines ou traverse le champ de maïs d'un fermier. Malheureusement, pendant tout le trajet nous avons été poursuivis par un essaim de moustiques qui nous ont laissés couverts de piqûres et de boursouflures. Cette excursion aurait pu être magnifique si Fúser n'avait pas de nouveau ressenti les effets de sa crise d'asthme de la nuit passée. Je lui ai injecté deux doses d'adrénaline et son état s'est apaisé.

La nouvelle léproserie est plus grande que l'ancienne, mais il y a encore des progrès à faire pour qu'elle devienne un établissement pleinement satisfaisant. On n'y trouve ni bloc opératoire, ni laboratoire, pas même une salle commune pour les patients. En résumé, c'est un hangar à malades d'une capacité plus importante que le précédent – rien de plus.

Alors que nous nous apprêtions à repartir, Fúser, sentant sa crise d'asthme revenir, s'est assis pendant que j'allais chercher une seringue et une dose d'adrénaline. L'un des infirmiers s'est proposé d'y aller à cheval pour gagner du temps. Trois quarts d'heure plus tard, Ernesto est apparu dans l'embrasure de la porte, pâle, haletant, presque incapable d'articuler une parole, m'interrogeant du regard pour savoir ce qui s'était passé. Lui et l'infirmier s'étaient croisés en chemin, sans doute sans se voir.

Finalement, il a pu recevoir son injection d'adrénaline. Après avoir repris des forces, nous sommes rentrés à l'*hacienda* pour dîner. C'est un immense ranch qui s'étend jusqu'au fleuve Vilcanota – c'est-à-dire presque jusqu'au Machu Picchu. La luzerne y est cultivée dans de vastes champs qui servent de pâturages pour des centaines de vaches dont le lait est traité de façon industrielle. On voit aussi des champs de canne à sucre sur les berges de la Vilcanota, dont ils distillent le jus pour en faire de l'alcool – vrai poison et solide allié pour les propriétaires terriens.

En apprenant que nous étions médecins, le propriétaire de l'*hacienda* nous a traités avec une grande estime, nous offrant amicalement tout le confort que nous désirions. Comment croire cette personne capable d'exploiter de la façon la plus inhumaine ses ouvriers, qui sont tout autant que nous des êtres de chair et de sang ?

Pour obtenir des terres cultivables, il procède de la même façon que les autres exploiteurs de son espèce : il autorise les fermiers voisins à venir s'installer dans son domaine et leur donne une parcelle de terrain vierge. Chaque année, les fermiers défrichent un arpent de terre, l'engraissent et le cultivent, et lorsque le terrain cultivable a atteint les dimensions souhaitées, le propriétaire terrien fait expulser ses fermiers. S'ils veulent rester, ils doivent s'occuper d'un autre arpent de terre, plus haut dans la montagne, et il les fait grimper de cette façon jusqu'au sommet, où la terre est plus aride.

C'est lui-même qui nous a expliqué cette méthode devant un bol fumant de soupe de poulet accompagnée de vins chiliens corsés. Mais ni ce dîner délicieux ni la peur de nous retrouver à dormir à la belle étoile ne nous ont empêchés de critiquer férocement notre hôte. Il n'en croyait pas ses oreilles et le pauvre M. Montejo, qui nous avait présentés à lui, ne cessait de nous faire signe de nous taire. Le dîner enfin terminé, nous sommes montés nous coucher.

Malgré une bruine persistante, les deux chevaux et le guide que le propriétaire terrien nous avait promis étaient prêts à partir à 5 heures du matin. Au moment où nous allions prendre congé, il est venu nous voir, toujours contrarié, pour nous proposer de rester en attendant que le temps s'améliore. Nous l'avons remercié mais avons décliné sa proposition. Nous sommes retournés à la léproserie, avons salué le personnel et les malades et avons mis le cap sur Huancarama.

Vers la forêt tropicale péruvienne

Des pluies violentes ayant rendu les routes impraticables, le voyage a été extrêmement lent. Nous sommes arrivés en pleine célébration du carnaval. La plupart des Indiens, hommes et femmes, étaient ivres, jouaient de la flûte tout en dansant des *yaravies* et des *carnavalitos*. Les femmes, sous l'effet de l'alcool, se montraient plus audacieuses qu'à l'ordinaire et, choquées sans doute par notre accoutrement, nous criaient dessus en faisant des gestes obscènes – mais pas de quoi s'énerver.

Il était 16 heures lorsque nous sommes entrés dans la ville. Pelao était de nouveau en proie à une sérieuse crise d'asthme. Nous sommes allés chercher du secours au poste de la Garde civile, mais il était désert : les policiers aussi participaient à la beuverie générale. Ernesto s'est effondré dans un coin et je me suis précipité à la recherche d'eau pour stériliser ma seringue. Une femme que je bousculai et à qui je demandai de l'eau me dit, à ma stupéfaction, qu'elle me cherchait. Elle avait appris que deux médecins étaient arrivés en ville et voulait que nous examinions son père malade. Elle m'a pour ainsi dire emmené de force et je n'ai pas eu d'autre choix que de la suivre pour aller voir son père. Pendant que je l'examinais, d'autres gens firent leur apparition, accompagnés d'enfants malades. Je leur prescrivis des médicaments qu'ils pourraient trouver à la léproserie – la seule pharmacie de la région. Enfin, je demandai de l'eau pour stériliser ma seringue.

L'eau qu'ils m'apportèrent avait une couleur terreuse et paraissait polluée. Il aurait fallu la faire bouillir long-temps avant de s'en servir. Par chance, il se mit à pleu-voir : je vidai le récipient de son eau sale et le remplis d'eau de pluie. Quand je revins auprès d'Ernesto une heure plus tard, il était désespéré et se demandait ce qui avait bien pu me retenir. Je lui expliquai l'histoire tout en stérilisant la seringue. Puis je lui injectai une dose et demie de la coramine que l'on m'avait donnée à l'hôpital ; après quelques minutes, les effets béné-fiques de l'adrénaline se firent sentir : Ernesto sombra dans le sommeil…

Andahuaylas, 16 avril 1952

Cette ville est suffisamment importante pour être équipée d'un hôpital : Ernesto va pouvoir recevoir des soins.

La route pour venir jusqu'ici est, comme toujours, abrupte et pentue. À midi, le chauffeur du camion qui nous avait pris en stop fit une pause pour déjeuner dans une ferme. Nous nous étions résignés à jeûner, mais, notre réputation nous ayant précédés, le fermier m'a demandé de venir examiner son enfant et sa femme. L'enfant était en bonne santé, je ne lui ai donc rien prescrit, en revanche j'ai détecté chez la femme une tumeur aux ovaires et lui ai conseillé d'aller voir un spécialiste en ville. Puis le fermier m'a proposé de rester déjeuner avec eux et a fait porter à Ernesto, qui était resté dans le camion, deux assiettes de patates bouillies et une assiette de *mote*, nom donné au maïs bouilli dans la région.

Malgré son asthme, Fúser a mangé avec appétit. Nous avons partagé nos restes avec les petits Indiens qui nous avaient regardés manger. Il semble impossible que des enfants aussi enjoués, joueurs et charmants soient rabaissés, après des années sans soins médicaux, de mépris et d'abrutissement religieux, au stade d'esclaves. Pour couronner le tout, la coca et l'alcool les rendront méfiants, paresseux et soumis.

Le temps d'arriver à destination, Ernesto a eu une nouvelle crise d'asthme. Nous avons dû nous arrêter dans un garage où j'ai pu stériliser ma seringue. Après avoir bourré Pelao d'adrénaline et l'avoir allongé sur un banc, je suis parti à la recherche d'un logement pour la nuit. Après quelques tentatives infructueuses, je suis tombé sur un homme nommé Romero. Il m'a patiemment accompagné dans tous les bars et tous les bordels de la ville, à la recherche du docteur puis du directeur de l'hôpital, et il nous a finalement obtenu une chambre à l'hôpital. Dans la soirée, il nous a invités à dîner.

Andahuaylas, 17 avril 1952

En milieu de matinée, le médecin est venu examiner Fúser. À l'évidence, le bonhomme ne connaît pas grand-chose à la médecine générale, encore moins à l'asthme. À contrecœur, il a accepté que nous occupions la chambre une nuit de plus. Nous avons déjeuné sur place. Vu sa qualité et sa quantité, il y a peu de chances pour que la nourriture servie aux malades leur redonne des forces.

Nous avons rencontré le médecin allemand qui dirige la campagne de lutte contre la varicelle initiée par l'OMS. Il nous a promis de nous emmener à Huanta dans sa camionnette.

Andahuaylas, 18 avril 1952

Aujourd'hui, nous sommes allés remercier le garagiste pour son aide. En apprenant combien le Dr Montes s'était montré antipathique, il nous a offert le peu qu'il possédait. Au Pérou comme en Argentine et au Chili, ce sont les plus pauvres qui se montrent les plus généreux. Les plus fortunés en général, les médecins en particulier, répugnent à montrer le moindre signe d'humanité. Et ils se prétendent médecins ! D'ordinaire – c'est le cas avec ce Montes –, il s'agit de fils de millionnaires qui ont construit leur fortune sur l'exploitation des Indiens. Le titre de « médecin » n'est qu'un ornement supplémentaire pour augmenter leur richesse, non un moyen d'alléger l'humanité de ses souffrances.

Andahuaylas, 19 avril 1952

Nous avons passé la journée au poste de police car le médecin nous a mis à la porte de l'hôpital. Nous avons préféré nous passer des repas servis à l'ordinaire et nous sommes préparé des patates, du maïs et des *ocumos*. L'après-midi, nous avons voulu préparer du maté – il a donc fallu que nous demandions aux prisonniers quelque chose pour faire bouillir l'eau. La plupart d'entre eux sont des déserteurs qui avaient le mal du pays. Leur raisonnement, d'une logique imparable, est qu'il est absurde de gaspiller trois années de leur vie à servir de messagers entre les officiers et leur épouse – ou leur maîtresse – alors que, pendant ce temps, leurs lopins de terre moisissent sous les mauvaises herbes.

Tandis que nous buvions notre maté, j'ai remarqué que la gourde était fissurée. Le morceau de scotch appliqué sur la fissure s'est révélé inutile. Je suis allé chercher dans mon sac un vieux tissu pour ne pas me brûler les mains en tenant la gourde et j'en ai sorti un mouchoir brodé par ma mère. Un flot de souvenirs m'a submergé. Lorsque nous en aurons fini de notre périple et que nous serons de retour chez nous, en train de siroter du maté, ai-je dit à Pelao, nous nous rappellerons ce maté partagé avec ces prisonniers et ces déserteurs, tout en repoussant les attaques pernicieuses des punaises qui infestaient les paillasses…

La trêve a tourné court. La prison est située dans le poste de police et l'heure des visites avait sonné. De longues files d'Indiennes, principalement des épouses de prisonniers, attendaient de pouvoir entrer. Elles étaient accompagnées de leurs enfants, mais aussi de leurs chèvres ou de leurs ânes. Chacune devait être fouillée. L'un des gardiens, par un répugnant abus d'autorité, ne se contentait pas d'une fouille rapide : il pétrissait leurs seins, leurs cuisses, et jubilait en touchant leurs parties intimes. Même une petite Indienne de dix ans dut subir ses attouchements obscènes. Pour nous, ce fut la goutte qui fait déborder le vase : sans nous concerter, nous nous sommes dressés d'un seul bond pour le rappeler à l'ordre, mais le sergent, assis à côté de nous, se réjouissait ouvertement des exactions de son subordonné. Fúser et moi avons échangé un regard désespéré puis avons ramassé nos affaires et sommes partis.

Ayacucho, 22 avril 1952

Le 19 avril, nous étions encore à ruminer, découragés, en songeant à notre impuissance devant l'abus d'autorité dont avaient été victimes ces pauvres Indiennes. L'apparition providentielle d'un travailleur nous a sauvés : il représentait, lui, le véritable potentiel de l'homme, qui produit des richesses au profit des autres hommes et sera un jour appelé à diriger ce monde si beau et si mal gouverné.

Ce pauvre travailleur d'une ferme du voisinage est venu nous proposer de quoi manger et un endroit où passer la nuit. Le lendemain, il s'est arrangé pour nous trouver une place à bord d'un camion à destination de Huancayo. Nous nous sommes d'abord rendus à Huanta et, à la nuit tombée, vers 20 heures, nous avons pris la direction de Huancayo. Ce voyage nocturne ressemblait à tous les autres : les Indiens s'installaient du mieux qu'ils pouvaient, et nous avons fini par dormir tête-bêche parmi eux. Par chance, mon nerf olfactif s'est rapidement retrouvé comme anesthésié et j'ai pu m'endormir.

Vers minuit, nous sommes entrés dans Ayacucho. Un éboulement avait apparemment obstrué la route, et c'est ainsi que cette ville célèbre, qui sonna le glas de l'Espagne en Amérique, nous a accueillis la nuit dernière et toute cette journée.

Sur la route d'Ayacucho à La Merced, 23 avril 1952

À 14 heures, nous regardions un tracteur déblayer la route. Trois charges de dynamite avaient été nécessaires pour déplacer l'énorme rocher qui bloquait le passage.

En attendant la fin des opérations, nous sommes allés piquer une tête dans la proche rivière Mautaro. À 18 heures, la voie était libre et nous pouvions repartir. À peine avions-nous parcouru quelques kilomètres qu'un nouvel éboulis nous ralentissait – mais cette fois, il s'agissait de terre meuble. Les conducteurs, les aides et de nombreux passagers ont retroussé leurs manches de chemise et la route est vite redevenue praticable.

— C'est vrai que l'union fait la force, remarqua Pelao. Mais ce doit être la force des travailleurs. Si l'un d'eux s'était déclaré incapable de brandir une pioche ou une bêche, l'unité aurait été rompue. Et ç'aurait certainement été le cas si, au lieu de paysans, de camionneurs et d'hurluberlus comme nous, le camion avait transporté quelques-uns des « professionnels » que nous avons croisés ces derniers jours.

J'acquiesçai et notai ces sages paroles dans mon journal.

Le voyage s'est poursuivi. La route est devenue très raide et la température chutait à mesure que nous grimpions. À 2 heures du matin, le froid était insoutenable. Mes pieds étaient gelés et gourds, m'obligeant à retirer mes bottes – une tâche guère aisée au milieu de cet empilement de corps – pour les frotter vigoureusement. C'est ainsi que nous sommes parvenus à Huancayo, où nous nous reposons aujourd'hui.

La Merced, 25 avril 1952

Hier après-midi, nous avons pénétré dans ce que les gens de la région appellent « la montagne » – en réalité, un haut plateau boisé. La route Huancayo-Palca est semblable à toutes celles que nous avons empruntées jusqu'à présent, mais celle de Palca à La Merced est infiniment plus dangereuse.

Avant de quitter Palca, nous avons assisté à une sorte de parade de carnaval ; des femmes masquées dansaient au son des violons, des tambours et des flûtes de pan. Il s'agissait d'une répétition en vue des festivités de mai.

Avant de partir, nous avons bu avec le chauffeur du camion quelques verres d'alcool de maïs qui nous ont mis de belle humeur. Laquelle belle humeur s'est évaporée quelques kilomètres plus loin, tandis que nous enfilions les virages en épingle à cheveux sur une route si étroite que les véhicules, en se croisant, éraflaient presque leur carrosserie. Dans l'un des virages, notre chauffeur a tenté une manœuvre téméraire, au bord de l'abysse, pour doubler un autre camion. À un moment, une roue de notre camion s'est retrouvée dans le vide. À deux cents mètres en contrebas rugissaient les flots tumultueux d'un fleuve.

Juste avant d'entrer dans La Merced, la route s'est rétrécie en s'enfonçant dans une véritable forêt cependant cultivée sur des centaines d'hectares : orangers, bananiers, avocatiers… Le froid sec enduré quelques heures plus tôt était devenu chaleur humide.

Nous n'avons pas pu trouver de logement. Finalement, nous avons atterri dans une pension de famille où, pour la modique somme de 20 sols, nous avions droit à un lit, un bol de chocolat et du pain. Nos ventres, vides depuis deux jours, commençaient à crier famine. Par chance, la fenêtre de notre chambre donnait sur des orangers et nous en avons profité pour nous remplir l'estomac de fruits.

La Merced, 26 avril 1952

Aujourd'hui, nous avons visité un hôpital spécialisé dans le traitement du paludisme. Nous avons donné une petite conférence sur la lèpre et sur la campagne anti-paludéenne menée à Tucumán, en Argentine. Ensuite, nous avons été conviés à déjeuner ; le repas fut somptueux.

Dans l'après-midi, nous sommes partis pour Oxapampa. La route, toujours aussi venteuse, se faufilait entre des collines basses dont les versants étaient couverts d'essences précieuses : cèdre, chêne, acajou, etc. Il y avait aussi des plantations de café et de bananes, ainsi que des avocatiers géants, de hauts papayers et des manguiers luxuriants.

Nous avons dîné à San Luis. À notre table était assis un homme dont les traits révèlent la parfaite mixité raciale : 50 % espagnol et 50 % africain. C'est un petit fermier d'une ville voisine qui se disait très fier de sa « conversation aimable et érudite », dont tout l'art consiste à empiler dix adjectifs dans une seule phrase. Nous avons commencé à l'imiter, battant le rappel des mots les plus tirés par les cheveux dont nous disposions et nous moquant de sa préciosité aussi discrètement que possible. Au début, il nous a pris pour deux charlatans ; et puis, constatant que nous répondions honnêtement et du mieux que nous pouvions à ses questions, il a fini par se calmer et ne plus utiliser d'adjectifs du tout.

Entre Oxapampa et San Ramón, 27 avril 1952

Le reste du voyage d'hier s'est déroulé entièrement dans la forêt. Au bord de la route, d'énormes arbres lestés de lianes pendantes et de plantes grimpantes qui auraient mérité d'être exposés dans un musée.

Les pluies récentes avaient rendu la route presque impraticable. Nous avons parcouru les quatre-vingts kilomètres séparant La Merced d'Oxapampa en douze heures. Mais, à mes yeux, ce trajet était idyllique : moi qui ai toujours rêvé de voyager dans des régions tropicales, je suis fou de joie.

Après nous être octroyé un petit somme sous le camion, nous avons atteint Oxapampa vers 2 heures du

1949.

SAN FCO. del Chañar Prov Córdoba
ARGENTINA

Alberto Granado *(à gauche)* et son frère Tomás devant
Poderosa II, en novembre 1949, à San Francisco del Chañar,
dans la province argentine de Córdoba. *(Photos reproduites avec
l'aimable autorisation de Lucía Álvarez de Toledo)*

(De gauche à droite) Alberto Prato, Nery Cambronero, Tomás Granado, Alberto Granado, Gregorio Granado et Ernesto Guevara en 1950, après un match de rugby à Córdoba.

Alberto Granado *(à droite)*, son frère Gregorio et Ernesto Guevara à bicyclette.

Alberto Granado *(à gauche)* prend congé de ses frères Gregorio et Tomás avant le grand départ, en décembre 1951.

À leur arrivée à Temuco, au Chili, en février 1952, le quotidien *Austral* annonce le passage de deux médecins argentins experts en léprologie.

Ernesto Guevara essaie la moto de son ami Alberto.

Alberto Granado *(à gauche)* et Ernesto Guevara *(au centre, avec le casque)* posent une dernière fois autour de *Poderosa II* à Santiago du Chili, le 2 mars 1952.

Alberto Granado épluchant des pommes de terre et des oignons à bord du *San Antonio* qui fait route de Valparaíso à Antofagasta, en mars 1952.

Cuzco, ancienne capitale du Pérou. «Ici, nous nous trouvons vraiment dans le nombril du monde... C'est le cœur même de l'Amérique *quechua.*»

Alberto Granado *(avec la canne)* et quelques employés de la léproserie de San Pablo pêchent à la ligne sur l'Amazone.

Alberto Granado et Ernesto Guevara à bord du radeau *Mambo Tang*
s'apprêtent à naviguer sur l'Amazone, en juin 1952.

matin. À 8 heures, nous sommes allés passer le bonjour à la famille d'un bon ami péruvien, Dávalos, qui étudie avec mes frères à l'université de Córdoba.

J'espérais y trouver des lettres envoyées par ma famille car, lorsque nous avons préparé notre périple, cet endroit figurait parmi nos points de chute assurés. Mais aucun courrier n'était arrivé et, en dépit de l'hospitalité de la sœur de Dávalos et de son époux, qui ont insisté pour que nous restions, j'étais résolu à repartir sans tarder pour Lima.

Heureuse coïncidence, un de leurs voisins comptait justement se rendre à Tarma dans l'après-midi. Après nous être arrangés avec lui, nous avons eu le temps de visiter la ville, située au cœur d'un vallon boisé. Le climat y est bien plus clément qu'à La Merced et il n'y a pas de paludisme. Toutes les maisons sont joliment construites en cèdre ou en chêne, mais à l'évidence sans tenir compte du plan de la ville. Au pied des collines, on cultive le café, l'orange et les bananes ; un peu plus haut, on trouve du maïs, des patates douces, et entre les deux du riz. C'est une région très fertile, mais les méthodes de production paraissent très anarchiques et il n'existe aucune voie de communication pour exporter les récoltes. À nouveau, les deux revers de la médaille !

San Ramón, 28 avril 1952

En arrivant, notre conducteur nous a soudain annoncé qu'il ne pouvait aller plus loin. Et il nous a plantés là, au beau milieu de la place principale, à 2 heures du matin !

Encore surpris par son comportement, nous nous sommes mis en marche vers un des rares endroits du village où l'on voyait encore de la lumière. Nous y avons rencontré un trio d'oiseaux de nuit ronds comme des queues de pelle qui ont d'abord eu un sursaut de frayeur en nous voyant avec nos vestes en cuir, nos sacs à dos et nos sacoches. Ils ont dû nous prendre pour l'avant-garde d'une armée de Martiens...

Reprenant leurs esprits, et une fois convaincus que nous n'étions ni des parachutistes ni quoi que ce soit d'autre, ils nous ont proposé de trinquer avec eux. Nous n'avons pas tardé à discuter comme des amis de toujours. Un peu plus tard, deux autres ivrognes sont venus grossir les rangs. Après les salutations d'usage, nous nous sommes mis à chanter à tue-tête des tangos et des valses.

À la fermeture du bar, nous les avons suivis dans un autre et avons continué à boire des bières en émettant des sons qui évoquaient lointainement des tangos. Fúser et moi-même nous efforcions de faire comprendre à nos amis que nous avions davantage faim que soif, mais, nos allusions restant sans effet, Ernesto commanda une généreuse portion de pain et de fromage à laquelle nous avons aussitôt fait un sort. Comme on pouvait s'y attendre, nos amis ne nous laissèrent pas payer notre part, qui s'ajouta à leur ardoise déjà longue. L'aube nous surprit, toujours entre bières et tangos.

Nous avons pris congé de nos amis fortuits et cordiaux et avons choisi pour dormir une maison à l'abandon qui, à en croire les autochtones, passe pour être hantée. Aucun fantôme n'est venu perturber notre sommeil. En revanche, la faim n'a pas tardé à revenir mordre notre estomac car elle ne se laisse pas longtemps duper par des boissons et des petits morceaux de fromage.

À la recherche de quelque chose de solide à nous mettre sous la dent, nous avons traversé le fleuve. Nous étions encore à frotter nos yeux ensommeillés lorsque nous nous sommes aperçus que les villageois avaient eu l'excellente idée de planter sur cette rive des orangers et des pamplemousses. En outre, ils n'avaient pas ressenti le besoin de les protéger avec des barbelés ou toute autre de ces inventions modernes qui ne servent qu'à gâcher le paysage.

C'est ainsi que, deux heures plus tard, après avoir mangé chacun plus de quatre douzaines d'oranges et une douzaine de pamplemousses, nous sommes repartis, bienheureux et comblés. Nos sucs gastriques sont alors entrés en action, nos glomérules leur ont emboîté le pas et notre fabuleux festin s'est métamorphosé en un peu de vitamine C et beaucoup de litres d'urine.

À midi, notre repas fut exquis : maté avec du pain et pain arrosé de maté.

30 avril 1952

Hier vers 17 heures, nous sommes montés à bord d'un camion en partance pour Tarma. Une fois n'est pas coutume, les routes étaient affreusement dangereuses. Cette route était encore plus étroite que celle reliant Palta à San Ramón, ce qui n'est pas peu dire. Nous sommes passés devant au moins trente croix signalant la chute d'un véhicule dans le vide sans qu'aucun passager en ait réchappé.

Le ravin s'approfondissait à mesure que la route montait, creusée à même la paroi tout en s'élargissant. Qu'une voiture vienne à quitter sa trajectoire, elle ne tomberait pas sur la route en contrebas, mais directement dans le fleuve.

Soudain, le chauffeur roula sur un nid-de-poule au milieu de la voie. Quand nous lui avons demandé pourquoi il n'avait pas essayé de l'éviter, il nous a avoué que, depuis un certain temps, sa vue n'était plus du tout bonne. Une information qui, on s'en doute, ne dissipa guère nos craintes.

Il faisait nuit quand nous sommes entrés dans Quillabamba. Nous y avons dîné d'un café au lait, seule nourriture que nous ayons pu trouver. Malgré les grommellements de notre estomac, nous avons passé la nuit dans la cabine du camion. Il faisait assez froid.

Ernesto est
incapable de mentir

Nous voici enfin dans la capitale des vice-rois. Le trajet d'hier nous a permis d'avoir une vision d'ensemble d'une importante zone minière. À partir de Tarma, le paysage perd son apparence tropicale et, une fois à La Oroya, les collines font leur réapparition. De nouveau des hautes plaines, la *puna* couverte de broussailles et les splendides troupeaux de lamas, utilisés ici comme bêtes de somme pour transporter différentes variétés de patates.

Nous avons poursuivi notre ascension jusqu'à Ticlio, à 4 500 mètres d'altitude, sous les cimes empanachées de neige.

Nous avons traversé plusieurs centres miniers sans en visiter aucun. Le chauffeur qui nous a emmenés s'est arrêté aux abords de la capitale et nous avons dormi dans le camion.

El Rancho, 19 mai 1952

Aujourd'hui, nous quittons Lima après y avoir séjourné vingt jours. Globalement, nous sommes satisfaits des rencontres que nous y avons faites et de ce que nous y avons vu.

Je ne veux pas décrire la ville elle-même, mais simplement ce qui nous a le plus marqué, à commencer par le Musée archéologique et anthropologique, œuvre du Dr Tello. La beauté des œuvres provenant de différentes civilisations de l'ancien royaume inca est stupéfiante. On est ainsi saisi par la virtuosité dont faisaient preuve les Paracas dans le travail du tissu ou les Chancas dans l'art pictural, qualité que l'on retrouve dans les céramiques aux couleurs vives et au modelé gracieux des Muchick et des Chimún.

Les Incas étaient également en avance sur le plan scientifique. Certains des crânes exposés prouvent qu'ils pratiquaient la trépanation avec une maîtrise technique et une habileté rares, et la croissance ultérieure des os montre que l'individu qui avait subi l'intervention lui a survécu de nombreuses années.

Nous avons aussi admiré l'obélisque Chavín et d'autres monolithes magnifiquement sculptés. Nous en avons conclu que, si les Incas étaient de grands architectes et de grands ingénieurs, les habitants de la côte étaient dotés d'une sensibilité artistique plus développée. Ils combinaient par exemple une vision satirique de l'érotisme à une beauté formelle très naturelle. Beaucoup d'animaux popularisés par les dessins animés de Walt Disney pourraient être inspirés par l'art péruvien préhispanique. À la Bibliothèque nationale, nous avons vu une exposition consacrée à l'art italien et une autre réunissant des copies de tableaux de Michel-Ange à Picasso.

Ernesto m'a encore surpris par l'étendue de ses connaissances, qu'il ne révèle jamais qu'à bon escient. Face à des peintures modernes, je lui glissai à l'oreille :

— Impossible de voir la différence entre toutes ces horreurs…

Du ton faussement sérieux qu'il emploie lorsqu'il s'apprête à montrer sa connaissance d'un sujet auquel nul n'aurait cru qu'il s'intéressait, il me répondit :

— Je ne suis pas de ton avis. Pour commencer, tu n'es pas toujours obligé de comprendre quelque chose pour l'apprécier. Ensuite, si tu commences à vraiment regarder ce que tu appelles « ces horreurs », tu t'apercevras qu'il y en a certaines que tu préfères à d'autres, et je suis presque sûr que ce seront les meilleures de l'exposition.

Puis, à la façon d'un professeur, il conclut d'une voix faussement doctorale :

— Et maintenant, jeune homme, observez avec attention et choisissez le tableau qui vous plaît le plus.

Je suivis son conseil et, peu à peu, je parvins en effet à distinguer des contrastes, des couleurs, des formes et des effets. Je regardai, comparai, analysai et finis par lui désigner mes tableaux préférés.

Après avoir feuilleté le catalogue, du ton amical dont il est coutumier, il me dit :

— Eh bien, Petiso ! Tu n'es pas aussi rustre que tu en as l'air ! Quatre des tableaux que tu as choisis sont des Picasso, et le cinquième un Pissarro qui, comme tu le sais, est l'un des grands maîtres de l'impressionnisme. J'ajoute que son nom s'écrit avec un « s » et non un « z », comme cet homme qui a colonisé les pauvres Incas.

Autre visite intéressante, celle de San Marcos, la doyenne des universités sud-américaines. Nous y avons constaté une certaine agitation révolutionnaire, notamment en fac de droit, seul département universitaire à se prévaloir d'un cercle estudiantin constitué. En revanche, le reste des étudiants a laissé le gouvernement semer le désordre dans leurs rangs. Ils n'ont donc pas les moyens de devenir une force politique capable de canaliser l'opinion publique, d'ordinaire opposée au régime en place.

Nous avons visité de nombreux hôpitaux, y compris celui de Guía, qui sert aussi de léproserie. Enfin, nous avons rencontré le Dr Hugo Pesce – rencontre que j'ai souhaité garder pour la fin car j'aimerais l'évoquer longuement. Il est, à ce stade de notre voyage, la personne la plus importante que nous ayons rencontrée.

Des gens nous avaient parlé de lui à Huambo et à Cuzco, et j'étais porteur d'une lettre de recommandation signée du Dr Argüello Pitt, aussi nous étions-nous empressés de le rencontrer dès notre arrivée à Lima. Nous ne ressemblions guère à des scientifiques : Fúser avec sa salopette de mécanicien usée et sa veste en cuir rapiécée, moi avec mon pantalon dont la blancheur n'était plus qu'un souvenir et ma veste en cuir… Nous étions tous deux luisants de graisse et couverts de stries poussiéreuses, telles des cicatrices héroïques, trophées de nos combats avec la route.

Nous ne pouvions même pas compenser notre apparence désastreuse par l'étendue de nos connaissances scientifiques car, de toute évidence, il en savait plus long que nous. Ce qui ne l'empêcha pas de nous traiter avec la plus grande courtoisie et de nous offrir son aide. Il usa de son influence pour que nous soyons hébergés gratuitement à l'hôpital Guía, malgré l'opposition bornée des sœurs qui le dirigent. Son assistante, Zoraida Boluarte, a veillé à ce que nous soyons confortablement installés. Ensuite, pour couronner le tout, il nous a invités à dîner avec lui presque tous les soirs.

Fúser l'a surnommé « le Maestro » et il en est tout à fait digne. Chacune de nos discussions avec lui nous a appris quelque chose, tantôt sur la lèpre, tantôt sur la physiologie, la politique ou la philosophie. Grâce à lui, nous avons découvert César Vallejo, ce grand poète qui parle avec la vraie voix de la race inca et qui a étudié la physiologie des Indiens des hauts plateaux.

Le Maestro a plusieurs disciples, qu'il couve un peu trop selon moi. Dans leur travail, on discerne la main ferme du professeur guidant doucement ses élèves inexpérimentés jusqu'à ce qu'ils gagnent en assurance. Sur le plan politique, c'est un marxiste doué d'une grande sensibilité, ainsi que d'une grande aisance dans la dialectique et dans la gestion des problèmes. Il est la preuve vivante que si l'environnement façonne l'homme, celui-ci peut changer.

C'est en raison de son engagement politique dans le parti communiste qu'il a dû quitter la chaire de médecine tropicale à l'université de Lima. Il s'est alors installé à Andahuaylas. Mais au lieu de devenir un de ces piliers de bar qui pullulent dans cette ville, il s'est consacré pleinement à la science. Il a découvert des zones endémiques de typhus récurrent où seuls les symptômes étaient connus ou identifiés, ainsi que deux types de moustiques porteurs de malaria. Il a également découvert un foyer de contamination de la lèpre et monté un centre pour soigner ce terrible fléau. Il a étudié la physiologie des Indiens. En fait, il a reçu et envoyé tant de rapports et articles scientifiques qu'à en croire ses élèves Andahuaylas s'est mise à recevoir plus de courrier que la faculté de médecine de Lima.

Est arrivé un moment où la situation était devenue si intenable que le gouvernement lui-même lui a proposé de réintégrer l'université.

Il est l'auteur d'un livre relatant son expérience sur les hauts plateaux, *Latitudes du silence*. Nous étions là depuis quelques jours à peine qu'il nous en offrait un exemplaire chacun, donnant lieu à une petite scène tragicomique illustrant la franchise sans compromis qui caractérise Ernesto.

Le jour de notre départ, le Maestro nous a conviés à un dîner d'adieu. J'avais déjà remarqué que le Dr Pesce appréciait la profondeur des connaissances de Pelao sur les multiples sujets que nous avions abordés avec lui. De son côté, Fúser a une très haute estime pour le Dr Pesce – n'est-ce pas lui qui lui a trouvé son surnom de « Maestro » ? C'est pourquoi j'attribue plus de valeur à l'attitude d'Ernesto, mais venons-en aux faits.

Nous sommes arrivés chez le docteur. Son épouse avait mis les petits plats dans les grands et préparé un repas sensationnel. L'entrée était un ragoût des Andes, que nous avons attaqué avec appétit. Après quelques bouchées, le docteur nous a demandé :

— Eh bien ? Qu'avez-vous pensé de mon livre ? Vous a-t-il plu ?

Fúser et moi avons échangé un regard. Nous en avions déjà parlé entre nous, évoquant ses aspects positifs et négatifs. Notre opinion générale, surtout celle d'Ernesto, n'était pas totalement positive. J'ai aussitôt répondu :

— C'est un tableau très vivant de la vie dans les montagnes péruviennes. En outre, j'ai trouvé que vous décriviez assez bien la psychologie des Indiens…

Ernesto est resté silencieux. Le repas s'est poursuivi. Au moment du dessert, le Maestro a repris :

— Et vous, Ernesto, dites-moi, qu'avez-vous pensé de mon livre ?

Ernesto a levé les yeux de son assiette, a regardé le docteur pendant quelques secondes puis a continué de manger.

Coupant court à l'interminable silence qui s'ensuivit, je m'exclamai :

— Ah, oui ! j'ai également beaucoup aimé votre description de l'inondation d'Urubamba…

La femme du docteur était de mon avis, et la discussion en resta là. Mais, tandis que nous nous apprêtions à partir et échangions les salutations rituelles sur le pas de la porte, le docteur a saisi Ernesto par la main et est revenu à l'attaque :

— Vous ne pouvez partir sans me dire ce que vous avez pensé de mon livre.

J'ai senti un frisson parcourir mon épine dorsale. Ernesto a agité l'index et lui a répondu :

— Eh bien, docteur, ce n'est pas un bon livre. La description du paysage ne m'a rien appris de nouveau et je trouve incroyable qu'un théoricien du marxisme tel que vous se contente de décrire les facettes négatives de la psychologie indienne. C'est un ouvrage pessimiste qui n'a pas l'air d'être sorti de la plume d'un scientifique ou d'un communiste.

Pendant qu'il parlait, j'avais l'impression que Fúser grandissait et que le Dr Pesce rapetissait sous les coups de boutoir de ses arguments. Pendant un temps qui me parut infini, Ernesto a approfondi sa critique méthodique, tandis que le docteur ne cessait de hocher la tête en murmurant :

— Vous avez raison, vous avez raison…

Ainsi avons-nous pris congé du docteur et de son épouse. En marchant le long des quarante pâtés de maisons qui nous séparaient de l'hôpital, nous avons à peine échangé un mot. Passant sur le pont au-dessus du fleuve Rimac, nous nous sommes accoudés au parapet, observant les flots d'eau noire scintiller sous la lune. Incapable de me retenir plus longtemps, je finis par lâcher :

— Fúser, tu es une vraie merde. Le pauvre Maestro nous a nourris, il a payé nos billets pour San Pablo, il nous a donné de l'argent et son affection, et il a fallu que tu lui jettes en pleine face sa seule faiblesse : sa vanité littéraire.

— Mais, Mial, tu n'as pas remarqué que je ne souhaitais rien lui dire ?

Ernesto paraissait peiné par ma remarque. Ma colère se dissipa aussitôt.

Le lendemain, nous sommes allés dire au revoir aux patients de la léproserie. Nous nous étions rapprochés d'eux, nous jouions même au football avec eux. Ils nous ont donné une enveloppe contenant les 100 *soles* qu'ils avaient collectés pour nous. Ce geste nous a bouleversés.

En outre, l'un d'eux nous avait mis en contact avec un militaire, un capitaine qui dirige une société de transport routier entre Lima et Pucallpa. Nous devions le contacter pour savoir quand et d'où nous devions partir. Nous l'avons rencontré dans une réunion de francs-maçons organisée dans un restaurant du « Chinatown » de Lima. Ce fut une expérience assez cocasse. Nous avons dû passer par tout un circuit compliqué, demander à parler à frère D puis frère X ou frère Z, puis négocier des obstacles, frapper à des portes closes, pour enfin atteindre le Grand Patron. Il était très surpris que nous ayons réussi à remonter jusqu'à lui sans être nous-mêmes des initiés. Il nous a appris que l'un de ses camions devait partir le 17 mai et que nous pouvions monter à bord.

L'Amazone
et son peuple

À bord de La Cenepa,
sur le fleuve Uyacali, via Iquitos, 25 mai 1952

Je me sens un peu déprimé aujourd'hui, fête nationale argentine et anniversaire de mon frère Grego. Ce qui m'attriste le plus n'est pas tant le fait d'être séparé de ma famille, mais l'idée que mon absence puisse gâcher une partie de la fête. J'espère pouvoir un jour me racheter en les emmenant faire le même voyage, qui a été merveilleux au-delà de toutes mes espérances.

Nous avons quitté Lima le dimanche 17 mai. La route, qui longe le fleuve Rimac, est semblable à celle de la côte nord du Chili, c'est-à-dire bordée de collines basses et pelées. À mesure que nous montions, la *puna* chilienne réapparaissait, comme un amphithéâtre cerné de sommets immaculés.

Nous avons refait une partie du trajet entre Tarma et Lima. Nous avons de nouveau traversé Ticlio, où la route grimpe jusqu'à 4 500 mètres d'altitude, puis le centre minier d'Oroya. De là, le voyage s'est poursuivi jusqu'au pic de Pasco, à travers les plaines de Junín où s'est déroulée la bataille du même nom et où le général Sucre[1] a montré tout son génie militaire, tandis que, pour la première fois dans l'histoire, des soldats argentins, chiliens, péruviens et vénézuéliens se battaient côte à côte.

Nous avons traversé un paysage parsemé de petites fermes indiennes. Cette nuit-là, le camion ne s'est pas arrêté car les deux jeunes conducteurs, des types épatants qui se surnommaient « les Cambalache », prenaient le volant et dormaient à tour de rôle.

Le matin du mardi 19, nous sommes arrivés à Cerro de Pasco, le plus important centre minier du Pérou – tombé aux mains des Yankees, évidemment – où sont extraits l'or, le cuivre, le fer et l'étain.

À deux ou trois kilomètres de Cerro de Pasco, le camion s'est engagé dans une vallée étroite qui descendait petit à petit, menant jusqu'à ce qu'on appelle ici le rebord de la montagne, où commence la végétation tropicale.

À midi, nous avons atteint Huanuco, où nous avons fait une pause le temps de nous restaurer. Environ vingt-cinq kilomètres plus loin, à un endroit appelé El Rancho, alors que le camion roulait à pleine vitesse sur une route au bord d'un précipice, nous avons remarqué qu'il donnait dangereusement de la gîte et menaçait de s'abattre sur le côté, malgré les efforts du conducteur pour le

---

1. Le général Antonio José de Sucre (1793-1830), soldat et patriote vénézuélien, fut le lieutenant de Bolívar au cours de plusieurs de ses campagnes. Il fut le premier président de la Bolivie (1826-1828).

redresser ou freiner. Lorsque, après avoir parcouru quelques centaines de mètres à nous faire dresser les cheveux sur la tête, le camion s'est enfin arrêté, il ne l'a dû qu'à la friction de la carrosserie sur la route.

Nous avons bondi hors de la cabine et avons rapidement identifié la cause de l'étrange comportement de notre véhicule et du danger que nous venions de frôler : l'axe de l'essieu de la roue avant gauche s'était rompu, provoquant de brusques embardées.

Le camion obstruant le passage, nous avons dû sans tarder – et encore sous le choc – le dégager sur le bas-côté. Nous avons fait levier en nous aidant d'une branche, puis avons passé le reste de l'après-midi à essayer de sauver ce qui restait de l'essieu. Fúser et moi faisions de temps en temps une virée dans les bosquets d'arbres fruitiers bordant la route et en rapportions des chérimoles, des *luzmas* et des bananes.

Ce soir-là, nous avons fêté l'heureuse issue de cette péripétie en vidant trois bouteilles de *pisco*. Les Camba-lache – surnom tiré du tango qu'ils ne cessent de chan-ter – révélèrent un joli brin de voix. Leur répertoire était si étendu que Fúser et moi, pourtant réputés pour connaître un bon nombre de tangos, nous en sommes trouvés tout déconfits…

Nous sommes allés dormir de belle humeur. Le len-demain, nous sommes repartis.

Le paysage était à la fois campagnard et montagneux : nous roulions dans la forêt qui entoure ces reliefs. La route monte et descend et rend difficile toute description de la végétation environnante. Même si l'on cherche à éviter à tout prix les clichés, la formule rebattue « végétation luxuriante » vient inévitablement à l'esprit. Elle traduit parfaitement la profusion et le fouillis des arbres, des lianes et des fougères.

Le trajet a été extrêmement plaisant. L'aîné des Cambalache était allé dormir au-dessus du chargement, un entassement de centaines de peaux de chèvres séchées au soleil ; nous avions pris place dans la cabine avec le conducteur. Notre trio chantait à tue-tête, ou plutôt massacrait des tangos argentins et des valses péruviennes.

Mon esprit est toujours revigoré par le spectacle de la forêt tropicale sous le soleil. Des endroits de ce genre me remplissent d'énergie et de force.

Telle était notre humeur quand nous sommes arrivés à Tingo María. Quelques kilomètres auparavant, nous avions vu la Belle Endormie, une chaîne de montagnes qui ressemble à une femme nue allongée.

La ville, avec ses petites maisons en bois montées sur pilotis entourées d'arbres feuillus et de gazon verdoyant, est typique des cités tropicales. C'est la saison de la récolte des feuilles de thé et, comme partout en Amérique, des centaines de chômeurs, dont beaucoup sont accompagnés de leur famille, viennent chercher du travail pour soulager temporairement leur misère. La compagnie qui exploite le thé reçoit donc un grand renfort de main-d'œuvre.

Nous avons poursuivi notre voyage. Nous avons traversé de nuit le pont de La Aiguatía, le plus long de toute l'Amérique du Sud. Au bout de quelques kilomètres, nous avons dû nous arrêter en raison des pluies incessantes qui rendaient la route trop dangereuse.

Jeudi, notre progression a été plus lente. Nous avons dû équiper les pneus du camion de chaînes antipatinage.

Nous nous sommes retrouvés dans une forêt de plaine. La végétation était de plus en plus exubérante : sureaux, *capironas*, palissandres et *tabebuias* qui entrelaçaient leurs bras de lianes.

Au sol, on ne distingue que de petites parcelles de terre rouge vif ; le reste est tapissé par une infinie variété d'herbes, feuilles ornementales et fougères. En chemin, nous sommes passés devant de petites exploitations de café, de manioc et de thé. Et partout, des champs de bananiers et de papayers.

À soixante-cinq kilomètres de Pucallpa, nous nous sommes retrouvés derrière un gigantesque convoi de plus de soixante camions, stoppés sur ordre de l'armée. Il avait plu à l'est dans de telles proportions que toute circulation risquait d'endommager les voies de communication et de mettre en danger la vie des conducteurs et de leurs passagers.

Très vite, nous avons été entourés d'amis des Cambalache. Nous avons décidé de nous préparer un repas, mais il ne nous restait plus que de la viande séchée. Pelao ne parle pas souvent, mais quand cela arrive c'est toujours à bon escient :

— Allumons un feu et faisons rôtir un morceau de viande, dit-il. L'odeur attirera les autres et nous pourrons faire des échanges.

Grâce à la viande de chèvre, nous avons pu récupérer des casseroles, des patates, des spaghettis… et même un cuisinier ! Autour du feu s'est formé peu à peu un grand cercle de routiers. Nous étions la principale attraction – à égalité avec le fumet qui montait des casseroles.

Le repas et les discussions se prolongèrent jusqu'à tard dans l'après-midi. L'ambiance était joyeuse, malgré ces satanés *insangos*, ces insectes qui se faufilent sous la peau et provoquent des démangeaisons terribles. À 18 heures, la route a été réouverte et nous avons roulé jusqu'à Nescuilla, où nous avons passé la nuit.

Le vendredi 23 commença sous la pluie, nous interdisant tout déplacement dans la matinée. Les Cambalache, qui se montraient fiers de leurs compagnons de voyage, nous ont présentés au commandant de la garnison locale, qui nous a invités à déjeuner.

Pendant que nous bavardions, attablés avec lui, des gens sont venus chercher « les docteurs argentins » : un garçon de seize ans venait de tomber d'un camion et de se blesser au visage. Il saignait de la bouche et, si la blessure était impressionnante, elle s'est révélée sans gravité. Après nous être consultés du regard, Fúser et moi avons insisté pour emmener tout de même le garçon à l'hôpital de Pucallpa, afin qu'il passe une radiographie pour repérer une éventuelle lésion interne. Nous avons réussi à obtenir un laissez-passer nous évitant d'être arrêtés aux différents points de contrôle à cause de l'état des routes. Nous nous sommes rapidement mis en route, et presque aussi rapidement retrouvés bloqués derrière une longue file de camions immobilisés. Nous avons montré notre laissez-passer, mais, tandis que notre camion remontait la colonne de véhicules à l'arrêt, nous avons vu un chauffeur de notre connaissance qui nous demandait d'examiner l'un de ses assistants, en mauvaise santé.

L'ayant ausculté, nous avons diagnostiqué un début de pneumonie. Après nous être débrouillés pour récupérer des doses de pénicilline auprès d'un centre de soins local, nous lui en avons fait une première injection. Puis le voyage – et quel voyage ! – a pu reprendre.

La route détrempée était glissante comme une savonnette. Le camion roulait en dérapage contrôlé, menaçant à tout moment de nous envoyer au fond d'un ravin, dans une épaisse forêt de pins et de *capironas* ou dans les bosquets de *yagrumas*, de kapokiers et de *tingures*. Nous avons été surpris à plusieurs reprises par de violentes bourrasques. Dix fois, sinon davantage, nous sommes restés coincés dans la boue et avons dû sortir pour pousser le camion. Sur la fin, nous nous amusions autant que des cannibales dévorant un missionnaire bien gras.

Nous avons atteint Pucallpa à la tombée de la nuit. Nous avons emmené le garçon à l'hôpital et, comme nous étions couverts de boue jusqu'aux yeux, les Cambalache nous ont emmenés chez eux pour y prendre une douche et enfiler des vêtements propres. Ils nous ont aussi gardés à dîner. Au fil du repas et de la soirée, l'atmosphère est devenue mélancolique. Pétris d'une nostalgie soudaine, nous nous sommes juré amitié éternelle et avons abondamment remercié nos hôtes. Si nous avions eu une guitare, nous aurions pleuré en jouant des tangos…

Dans la nuit du 24, après un délicieux dîner chez les Cambalache et quelques photos-souvenirs, nous sommes sortis nous promener en ville. Elle est typique de cette région : maisons tentaculaires en bois, rues boueuses et trottoirs jonchés de détritus.

Tout le bois de la région de Loreto se retrouve dans le port de Pucallpa. Dans cette ville, la richesse d'aujourd'hui côtoie la misère de toujours. Les bars et les bordels sont florissants, grâce aux centaines d'ouvriers venus tirer du fin fond des forêts l'acajou, le cèdre, le *shiringa*, le copal et la précieuse sève des arbres à caoutchouc. Il y a enfin les hommes qui remontent le fleuve Ucayali après avoir passé des mois dans les forêts de *balatás* ou de *gutta-percha*, sans autre compagnie que leur machette et les moustiques, et viennent se faire délester de leur argent durement gagné par les propriétaires de bars ou les sirènes des bordels.

Cet après-midi, nous avons discuté avec le capitaine du bateau *La Cenepa* et obtenu qu'il nous prenne à son bord. En attendant l'heure du départ, nous nous sommes baignés dans l'Ucayali. Un dauphin sautait autour de nous. Les Indiens Chunchos voient en lui un démon qui enlève les femmes nageant dans le fleuve pour copuler avec elles. Ils disent aussi que le dauphin femelle possède une poitrine et des organes génitaux semblables à ceux d'une femme, et que les pêcheurs forniquent avec elle. Au moment où ils éjaculent, ils doivent choisir entre tuer le dauphin ou être à tout jamais liés à lui.

Nous avons visité l'hôpital régional. Nous y avons vu des maladies terribles, mais nous étions fascinés par l'univers de la médecine tropicale, où tant de choses restent encore à étudier et à découvrir…

Aujourd'hui, 25 mai, nous avons navigué assez longtemps. *La Cenepa* est un bateau à deux ponts qui remorque un bateau plus petit à bord duquel sont entassés du bois, des porcs et les passagers de troisième classe.

Sur le pont inférieur se trouvent la salle des machines, une réserve de bois et la cuisine. Sur le pont supérieur, on trouve la passerelle, les cabines et un pont couvert faisant office de restaurant, de salle de divertissements, de casino et de garderie d'enfants.

Les passagers sont des négociants en bois, des producteurs de caoutchouc, quelques aventuriers et une poignée de touristes. Parmi les représentantes du beau sexe se distingue une jeune demoiselle ravissante et qui se sait ravissante. Tous les Don Juan du bord se pressent autour d'elle, au grand effroi de deux religieuses et de trois ou quatre vieilles dames scandalisées – que je soupçonne surtout d'être blessées dans leur amour-propre !

On remarque, du côté des passagers, un jeune employé de bureau de Lima, de caractère candide. Il est en vacances et, comme des centaines d'Argentins, n'a jamais mis le pied hors de sa forêt de béton. Son voyage depuis Lima a été une source permanente de souffrances et de malchance digne de l'Odyssée d'Ulysse. La peur qui se lit sur son visage en a fait la cible toute désignée des moqueries des autres passagers, mais Fúser l'a pris sous sa défense. Comme toujours, ses reparties pertinentes et acerbes, qui sont aussi profondes et caustiques, ont atteint leur objectif : les passagers ont fini par laisser en paix le pauvre garçon.

Sur le fleuve Amazone, 26 mai 1952

À mesure que nous descendons le fleuve, il ressemble de plus en plus au Paraná. Cette similitude fait resurgir en moi des souvenirs de mon enfance à Villa Constitución et de mes vacances dans la ville de Paraná, capitale de la province d'Entre Ríos, théâtre de mes premières soirées dansantes et de mes premiers émois d'écolier.

Le fleuve s'élargit en remontant vers le nord. Ses rives sont parsemées de ports qui ne sont reliés au monde extérieur que par l'Amazone. Nous avons croisé au large d'îles couvertes d'une forêt apparemment impénétrable, d'où le bois et le caoutchouc récoltés sont transportés par radeaux jusqu'à Pucallpa.

Nous avons passé la journée à lire et à jouer aux cartes. L'employé de bureau a sorti de ses bagages tout un assortiment de cartes et de dés. Ses postures théâtrales me rappellent l'interprétation caricaturale d'un joueur acharné par Luis Sandrini[1].

À la demande de plusieurs passagers, nous avons joué au 21. Fúser a gagné 60 *soles* et moi 20. Dans l'après-midi, j'en ai perdu trente, mais comme Pelao a maintenu l'équilibre entre victoires et défaites, le résultat est globalement positif.

Sur l'Amazone, 27 mai 1952

Chaque jour nous naviguons plus lentement. Le courant est très faible et il faut beaucoup d'habileté au

---

1. Luis Sandrini (1905-1974), célèbre acteur comique argentin.

commandant pour ne pas échouer le bateau sur un banc de sable. Parfois, un canot est envoyé en éclaireur pour sonder la profondeur du canal. Une fois la trajectoire du navire déterminée, nous glissons avec lenteur vers des îles pittoresques couvertes de végétation.

La flore déploie devant nous un vaste échantillon : le *roda*, arbre qui entre dans la fabrication de parfums ; le *haucapí*, bois dans lequel les insectes ne peuvent creuser et qui est de ce fait un matériau de construction idéal pour les maisons ; le *remo caspi*, extrêmement dur, tout comme le *lagarto caspi*, utilisé dans la construction navale et pour les poutres ; et enfin le *pona palmer* dont se servent les Indiens Chamas pour fabriquer leurs arcs.

Nous tenons ces informations d'un commerçant d'Iquitos qui en sait autant sur la flore de la région qu'un professeur en botanique. En réponse à nos questions, il nous a désigné toute une série de plantes médicinales dont certaines, à l'en croire, ont des vertus thérapeutiques extraordinaires. Ainsi la mauve et la *lancetilla* font-elles de très bonnes infusions contre l'insomnie ; la verveine fait tomber la fièvre ; la *ñuño picanilla* est un purgatif puissant ; la rose *cisa* est utilisée contre la bronchite, la *chuchuhuasa* contre l'asthme (nous devons en prendre pour Fúser) ; le latex *cotahua* facilite la cicatrisation des blessures, le *chirisango* réduit les fractures, et ainsi de suite. Il nous a enfin montré une plante grimpante, la *capironilla*, dont on se sert pour soigner les morsures d'insectes.

La nuit nous a surpris alors que nous écoutions toujours et prenions des notes. Le spectacle fabuleux du soleil couchant m'a totalement happé. Il se fondait dans le fleuve tel un oiseau blessé et teignait l'eau d'une couleur cramoisie. Ma contemplation silencieuse a hélas été interrompue par une invasion d'énormes moustiques suceurs de sang. Nous avons très mal dormi.

Sur l'Amazone, 29-30 mai 1952

La vie à bord n'est pas très variée. La brunette au charme sombre continue de faire des ravages auprès du sexe dit fort, avec ses nombreux et audacieux changements de tenue, ses jolies pommettes et ses battements de cils. Fúser et moi ne faisons pas exception à la règle. Pour ma part, je suis spécialement sensible à la beauté tropicale. De son côté, elle paraît fascinée par le récit de nos aventures et des merveilles qu'il nous reste à voir. Elle a pris la décision de courir les routes elle aussi. En conséquence de quoi Fúser et moi-même, en prenant bien garde de ne pas empiéter sur nos plates-bandes respectives, tentons de lui faire profiter de notre expérience. Nos leçons, bien sûr, sont payables d'avance, sous quelque forme que ce soit.

Le fleuve et ses rives sont chaque jour plus magnifiques. En ce moment, à 19 heures, après un coucher de soleil flamboyant, le paysage a pris une coloration grise, plus sombre sous les frondaisons. Peu à peu, les premières étoiles apparaissent. Ensorcelé par une telle beauté, mon esprit s'envole vers mon pays natal. J'espère de tout cœur qu'en ce moment ma famille est aussi heureuse et épanouie que je le suis.

Sur l'Amazone, 30-31 mai 1952

Notre rythme de vie n'a pas évolué d'un iota. La petite demoiselle flirte avec de beaux parleurs tels que Pelao et moi, comme avec de bons payeurs – ainsi, par exemple, l'homme qui supervise la table de jeu. L'employé de bureau a une peur bleue des araignées prétendument venimeuses, et un exploitant forestier millionnaire assomme les autres passagers avec sa fortune.

Le canot sert de guide à notre bateau, mais permet aussi de pêcher ces poissons qui améliorent notre ordinaire. C'est toujours moi et Fúser qui lançons le filet. Cet après-midi, en plus du fretin habituel, nous avons attrapé un petit alligator !

Sous le charme du paysage, je rêvasse des soirées entières. La nuit venue, le combat inégal avec des hordes de moustiques reprend de plus belle.

Iquitos, 1er juin 1952

Le navire mouille dans ce port après une nuit terrible où nous avons été assiégés par des millions de moustiques. Cette ville de cinquante mille âmes a connu son âge d'or en temps de guerre, quand le caoutchouc était très demandé. Aujourd'hui que son industrie la plus florissante a périclité, Iquitos et ses habitants se débattent dans une demi-pauvreté d'autant plus injuste que le climat, la fertilité du sol et beaucoup d'autres choses révèlent les innombrables possibilités qui existent de transformer cette ville en l'un des endroits les plus prospères du pays. Bien sûr, pour en arriver là, le gouvernement devrait donner la direction à suivre et fournir un soutien financier.

Dès que nous avons posé le pied à quai – Fúser en proie à une méchante crise d'asthme –, nous avons cherché un endroit où loger. La lettre du « Maestro » Pesce nous a été très utile. Dans l'heure qui suivait notre arrivée, nous étions installés dans une chambre au Centre pour la prévention de la fièvre jaune et avions déjà fait une apparition à l'hôpital général, où nous déjeunerons désormais. Après avoir administré une piqûre d'adrénaline à Ernesto, je suis allé à la poste récupérer un éventuel courrier. Aucune lettre ! J'ai été pris d'un accès de colère – j'aurais volontiers frappé quelqu'un ! J'ai obligé le guichetier à chercher deux fois dans le courrier en attente et ai même exigé de parler au responsable du bureau de poste. En fin de compte, j'ai dû m'y résoudre : il n'y avait aucune lettre pour nous.

Je suis retourné au Centre. Je voulais envoyer un câble, mais Fúser m'a raisonné : cela n'aurait fait qu'inquiéter davantage ma famille et n'aurait rien résolu. Ses arguments ont peu à peu calmé ma frustration et ma déception. J'ai déchiré la lettre remplie de reproches que j'avais commencée et l'ai réécrite dans une version plus rationnelle. Reste que tout ceci me préoccupe car cela peut signifier que mes parents non plus n'ont reçu aucune de mes lettres et redoutent peut-être qu'il me soit arrivé quelque chose.

À l'heure du déjeuner, nous nous sommes rendus à l'hôpital. Il appartient à une chaîne d'établissements de soins dirigée par l'Interamerican Service (SICA). Le bâtiment a trois ailes, l'une pour la maternité et les femmes, l'autre pour les hommes et les urgences, la troisième pour le laboratoire clinique, la pharmacie et la cantine du personnel.

Les soins sont gratuits, mais les patients doivent payer les examens, les médicaments, les radiographies, etc. Le plus pénible est que tous ces coûts sont supportés par l'État péruvien. En d'autres termes, le SICA sert uniquement à démontrer aux Péruviens qu'ils sont incapables de se débrouiller seuls et qu'ils ont besoin de l'appui d'Oncle Sam.

Pendant que nous mangions, nous avons fait la connaissance d'un médecin qui s'est montré extrêmement enthousiasmé par notre expédition – ce qui n'est guère fréquente dans notre profession. Il nous a fait faire le tour de l'hôpital et nous avons pu voir quelques cas de maladies rares. J'ai été tout particulièrement impressionné par un garçon de quatorze ans présentant un *pemphigo* au stade terminal. Sa peau était couverte de cloques qui ne tarderaient pas à crever, laissant le muscle sans protection. Cela ressemble à une brûlure. Le patient ne ressent aucune douleur, mais se flétrit et meurt. Atroce !

Iquitos, 2-5 juin 1952

Ces derniers jours ont été quelque peu ennuyeux. Je suis allé voir la léproserie, j'ai travaillé sur une série de bacilles. J'ai fait quelques passages en vain à la poste. Fúser était toujours affaibli par son asthme et, comme je n'avais envie de rien faire, nous sommes restés dans notre chambre et n'avons pas vu grand-chose d'Iquitos.

En route vers la léproserie de San Pablo

À bord du El Cisne,
descendant l'Amazone, 6 juin 1952

Après toute une série de retards et de reports, nous avons finalement mis le cap sur San Pablo. Nous naviguons sur un petit bateau à moteur baptisé *El Cisne*, qui serait parfait pour quatre passagers, mais qui, comme de juste, en transporte seize.

Coïncidence, le second en chef se trouve être le frère d'une infirmière de l'hôpital de Guía, ce qui nous a valu d'être très bien accueillis. À l'instant où j'écris ces lignes, je suis témoin d'un étrange duel entre le soleil, qui ne s'est pas encore couché, et la lune, qui tente de l'éclipser par son éclat. Ce spectacle est si beau que j'aimerais pouvoir, tel Josué, stopper la course des astres et admirer tout mon saoul ce qui s'offre à mes yeux. Mais je ne suis pas Josué, j'essaye de trouver une consolation auprès d'une jeune institutrice à la beauté angélique (me voilà décidément très biblique, aujourd'hui !).

Sur l'Amazone, 7 juin 1952

La pleine lune était splendide, la nuit dernière. Nous arrivions même à distinguer les différentes espèces d'arbres sur les berges du fleuve. Hélas ! mon institutrice est descendue à l'escale suivante, et mon inspiration lunaire s'est enfuie avec elle...

À l'aube, la nuit si sereine s'est métamorphosée en déluge. On avait l'impression qu'il pleuvait davantage dans notre minuscule cabine qu'à l'extérieur. Tandis que nous étions recroquevillés les uns contre les autres, le premier officier s'est mis à nous conter le récit de sa vie. Digne de Gorki ! Ce voyage continue de nous démontrer que la vie dépasse souvent les imaginations les plus fertiles...

Notre conteur, nommé Casanova, est issu d'une famille de la classe moyenne. Sa mère, veuve mais dotée de quelques ressources, regardait avec mépris le goût qu'il manifestait pour la musique et la vie de bohème, ainsi que son envie d'explorer l'Amazone. Par amour et par respect pour elle, il a donc renoncé à ses projets et a suivi des études de comptabilité. Il a ensuite travaillé dans la même banque que son père et est devenu directeur de l'une de ses principales succursales.

Voici dix ans de cela, sa mère est morte et, le jour de son enterrement – ce sont là ses paroles exactes –, « je suis rentré du cimetière et j'ai retiré ma cravate pour toujours. En manches de chemise, ma guitare en bandoulière, je suis allé tout droit dans le bureau du directeur général et je lui ai tendu ma lettre de démission. Il était tellement surpris qu'il n'a même pas pu ouvrir la bouche ! »

Après quoi il a vendu ses meubles, ses vêtements et tout ce qui pouvait lui rapporter un peu d'argent, puis il a acheté une partie d'*El Cisne*. Depuis, il a parcouru l'Ucayali, le Marañon, l'Amazone, le Negro et leurs affluents. Selon la saison, il voyage du côté du Brésil, de la Colombie ou de l'Équateur, mais n'a jamais remis les pieds à Lima. C'est à coup sûr un homme heureux, parce qu'il a donné vie à ses rêves. Peut-être un homme moins déterminé que lui serait-il resté immobile, passif, soupirant après ses chimères...

Ce matin, nous nous sommes arrêtés à l'un des nombreux hameaux qui parsèment les berges du fleuve et des îles. L'un de ses habitants, au prix d'un rude labeur, avait habilement réussi à greffer oranges et citrons sur le tronc d'un citrus protégé des inondations régulières qui font pourrir les citrus ordinaires. Malheureusement, il s'est révélé très avare et, comme lui seul possède cet arbre à greffes, il vend ses fruits à un prix exorbitant. En outre, il vit dans la crainte de voir quelqu'un lui voler un plant et lui faire concurrence. Fúser ne lui a épargné aucun sarcasme et lui a dit en termes explicites que son attitude égoïste nous ôtait toute l'admiration que nous avions d'abord éprouvée pour son travail et son intelligence.

Après cette discussion, et pour clarifier nos esprits, Fúser et moi nous sommes enfoncés dans les broussailles à la recherche de fruits, d'avocats et de caïmitiers. Quand nous sommes retournés au bateau, Casanova tenait un sac rempli d'oranges et de citrons, cadeau de l'homme auquel Fúser avait dit ses quatre vérités.

Le voyage a repris. Tout l'après-midi, et le soir aussi, nous avons écouté Casanova jouer de la guitare et chanter des chansons péruviennes, en particulier des valses. J'en ai recopié une – *Alma, Corazón y Vida* : l'Âme, le cœur et la vie – pour l'apprendre et qu'elle me rappelle cette période merveilleuse de ma vie et ces hommes extraordinaires.

La science dans la jungle

Léproserie de San Pablo, 18 juin 1952

Une pluie torrentielle s'est abattue sur nous. Un épais voile grisâtre estompe la forme des arbres et je suis empli de tristesse.

Je me torture en cherchant à comprendre pourquoi je n'ai reçu aucune lettre de ma famille. Ni la violence des intempéries ni la vue imposante du fleuve ne parvenant à me distraire, je me tourne vers mon journal de bord pour me soulager de cette tension. Je vais en profiter pour récapituler les événements depuis notre arrivée.

Il n'était pas loin de 3 heures du matin, ce 8 juin, quand le Dr Bresciani, directeur de la léproserie, est venu nous accueillir – il avait entendu parler de « scientifiques argentins ». Il nous a proposé de le suivre dans sa maison en attendant que notre chambre soit prête. Le clair de lune nous donnait un aperçu assez précis des bâtiments et de leur disposition d'ensemble.

Il s'agit de plusieurs bâtisses en bois montées sur pilotis, éparpillées autour d'une clairière. Hormis la salle qui sert de réfectoire, chaque bâtiment, tout en longueur, comprend un étage et se compose de chambres qui se succèdent les unes aux autres. Ces bâtiments communiquent par des passerelles en planches situées à environ un mètre du sol, qui permettent aux résidents de se déplacer sans marcher dans la boue, car les pluies sont fréquentes et violentes notamment en hiver – saison qui tombe en réalité durant nos mois de printemps et d'été.

Tandis que nous discutions avec le directeur et contemplions la petite ville, on est venu nous avertir que notre chambre était prête. Nous nous y sommes rendus, environnés d'un immense nuage de moustiques venus nous présenter leurs désagréables salutations.

Nous avons dormi comme des souches jusqu'à 11 heures du matin. Le directeur nous a invités à déjeuner avec lui. La conversation a tourné autour du Dr Pesce et de l'aide qu'il envoie à la léproserie depuis Lima, aide surtout scientifique puisque, pour ce qui est du matériel, il n'y a pas grand-chose de plus qui puisse être fait.

L'après-midi, nous avons été conviés à jouer au football. Le terrain, situé dans une clairière à environ deux kilomètres en amont du fleuve, est accessible uniquement en hors-bord.

J'étais fou de joie à l'idée de taquiner la balle en pleine jungle, mais comme toujours je ne manquais pas de penser combien tout eût été plus formidable en présence de Grego et Maso. Au cours de la partie, prêtant plus d'attention au décor qu'aux autres joueurs, j'ai offert une piètre prestation. Ensuite, nous sommes allés piquer une tête dans un petit bras de rivière. La température de l'eau était idéale. Qui sait combien de temps nous serions restés à barboter sans l'arrivée de l'inévitable horde de moustiques ? Nous nous sommes précipités dans le réfectoire principal, agitant les bras comme des ailes de moulin pour repousser les attaques de ces saletés d'insectes. Plusieurs de nos partenaires de football étaient déjà là et nous ont offert des bières.

Le 9, nous avons visité l'asile. La routine quotidienne se déroule ainsi : le docteur, le dentiste et les assistants se changent sur une petite barge amarrée à l'embarcadère. Elle comprend deux vestiaires séparés par un couloir menant aux douches.

Dans le premier vestiaire, on se déshabille complètement et, dans le deuxième, on enfile les vêtements qu'on utilisera dans la zone des malades. Une fois équipés, nous avons embarqué dans un canot à moteur qui nous a emmenés au sanatorium, à un kilomètre en aval.

Ma première impression en voyant l'hôpital fut que nous étions arrivés dans un village semblable à tous ceux qui bordent l'Amazone. Les maisons en bois de *pona* – une espèce de palmier très répandue dans cette région – sont apparemment dispersées au hasard, les boutiques attendent les passants ; canoës et bateaux à moteur vont et viennent, chargés de régimes de bananes, de papayes et de poisson frais ou fumé.

Mais bientôt notre attention a été attirée par un spectacle douloureux : la majorité des hommes et des femmes que nous voyions présentaient de multiples lésions et mutilations. Leurs pieds et leurs mains laissent apparaître les marques indélébiles du mal qui les ronge, de même que les phalanges atrophiées ou la disparition de tous les doigts.

Le pourcentage de malades affectés par ces mutilations était si élevé que j'en ai très vite fait la remarque au docteur qui nous accompagnait. Il a confirmé ma première impression, m'expliquant que d'autres experts de la lèpre tels que Souza Lima et Fernández avaient également constaté ce phénomène sans parvenir à lui trouver une explication.

Nous sommes arrivés aux bureaux, comme on appelle ici le cabinet du docteur et celui du dentiste. Ils sont tous deux situés dans le même bâtiment monté sur pilotis en bois. Il y a aussi un cabinet pour les maladies annexes et un bureau pour le directeur où se déroulent quelques consultations, voire des interventions chirurgicales mineures. On trouve enfin une salle de soins et une grande zone comprenant la salle d'attente, le cabinet du dentiste et la pharmacie.

Après avoir examiné plusieurs cas intéressants et vu comme le directeur récoltait des données pour un article sur les « syndromes nerveux de la lèpre » – ici, l'influence à distance du Dr Pesce était évidente –, nous avons fait le tour du sanatorium.

Les bâtiments les plus anciens, fabriqués en bois de *pona*, sont très grands et assez grossièrement conçus. Les plus récents sont en cèdre et d'une bien meilleure conception.

Tous les patients vivent ici avec leur famille, leur épouse et leurs enfants. Il est très difficile de séparer les parents des enfants. Tous proviennent de communautés résidant sur les rives de l'Ucayali et du Yaraví, où la lèpre est endémique. Par conséquent, habitués qu'ils sont à vivre entourés par la maladie, les gens d'ici trouvent normal de vivre en famille et absurde que des inconnus les obligent à se séparer de leur progéniture.

Pourtant, la lumière de l'entendement vient peu à peu redresser leurs conceptions confuses et, déjà, nombre d'enfants dont les parents vivent dans la zone des malades ont été accueillis dans la zone saine, dans un centre de prévention où ils sont examinés pour vérifier s'ils sont ou non porteurs de la maladie. Quand ils sont en âge de travailler, ils sont en général intégrés au personnel de l'hôpital.

Durant notre visite, nous avons aussi vu quelques-unes des boutiques tenues par les malades. Cela va du magasin d'articles de pêche au bar équipé d'un réfrigérateur pour garder les boissons au frais. D'autres ont débroussaillé certaines parcelles dans la jungle pour y cultiver des tomates, des yuccas, des bananes et ainsi de suite. Certains se sont tellement bien débrouillés qu'ils ont pu acheter leur propre bateau à moteur.

Ce mode de vie indépendant – si différent de ce que nous avons pu observer en Argentine –, au lieu de donner aux patients l'envie de partir, les maintient à proximité du sanatorium et du lopin de terre qu'ils possèdent, bref de ce qui est désormais devenu leur véritable foyer.

Nous sommes retournés nous changer sur la barge, avons enfilé un caleçon et avons plongé dans le fleuve. Après avoir nagé pendant une heure, nous sommes allés déjeuner. L'après-midi, nous avons été présentés aux religieuses qui travaillent en laboratoire et dans l'asile pour enfants. Plus tard, nous nous sommes offert une partie de pêche avec l'un des docteurs, attrapant même quatre ou cinq poissons-chats. Nous avons essayé le filet, mais la méthode s'est révélée moins efficace que l'hameçon : nous n'avons fait aucune autre prise. Le poisson a été servi grillé au repas du soir.

Le mardi 10, nous avons travaillé toute la matinée à la léproserie, et à midi nous avons joué au football. C'est en jouant que je me suis blessé la jambe – une simple écorchure provoquant un léger saignement. Ne m'en préoccupant pas davantage, j'ai piqué une tête dans le fleuve sitôt la partie terminée. À peine avais-je refait surface que j'ai senti quelque chose de poisseux frôler ma jambe, sensation aussitôt suivie d'une violente douleur, comme sous l'effet d'une piqûre hypodermique. Je me suis redressé et j'ai levé la jambe en m'exclamant :

— Ernesto, qu'est-ce que j'ai à la jambe ?

Réagissant comme toujours promptement, Fúser a arraché le piranha qui s'était planté dans mon mollet, attiré par l'odeur de sang de ma blessure. Nous nous sommes précipités hors de l'eau. Pris d'un fou rire, Ernesto m'a montré un minuscule morceau de peau, de muscle et de poils resté coincé dans les dents triangulaires du piranha.

Le 11, pendant qu'Ernesto se faisait examiner par le Dr Bresciani, je suis resté dans le laboratoire, à étudier des échantillons de bacilles. Le travail se déroulait dans des conditions très rudimentaires : le microscope, qui n'est déjà pas très performant, ne possède même pas d'éclairage électrique. Les observations se font donc à la lumière naturelle, avec des lentilles de mauvaise qualité. Avec une visibilité aussi faible, la marge d'erreur est très grande.

Nous avons parlé au directeur de toutes les difficultés que nous avions rencontrées. Il a reçu nos remarques sans en être offusqué. J'ai bien l'impression que nous ne sommes plus considérés comme des « scientifiques », entre guillemets.

Cet après-midi, nous sommes allés nous promener. On nous a emmenés jusqu'à une crique dans une petite île. Quand le fleuve est en crue, les lagons des îles se confondent avec l'Amazone. À son embouchure, la crique est aussi large que n'importe quel fleuve d'Argentine, mais elle se rétrécit de plus en plus et se divise en bras qui pénètrent dans la forêt.

Notre voyage silencieux parmi les milliers d'arbres qui cachent le ciel fut une expérience stupéfiante. Nous étions accompagnés par d'innombrables oiseaux de toutes tailles et de toutes couleurs : perroquets, hérons rouge et blanc, et même une espèce de martin-pêcheur au plumage incroyablement beau. Nous avons aussi épié des caméléons, des boas, des singes – à peu près tout ce qui peuplait nos rêves d'aventure quand nous étions gamins.

Là où le lagon se déverse dans le fleuve, le gros poisson est à l'affût du menu fretin qui a grossi dans les mares formées à marée basse. Autant dire que cet endroit est le paradis des pêcheurs ! Nous n'étions pas équipés pour pêcher, mais il y avait dans le bateau des cannes et des hameçons. Comme nous n'avions pas d'appâts, Fúser a enfoncé une rondelle de banane sur l'un des hameçons et a passé vingt minutes à essayer d'attirer du poisson. Le docteur et moi-même avons commencé à nous moquer de lui, disant que nous n'avions encore jamais rencontré de poisson végétarien et qu'une banane serait un appât plus efficace pour attirer les singes. Fúser se contentait de nous répondre par un rire sonore sans jamais quitter des yeux sa ligne. Et soudain, tirant sur sa canne, il a sorti de l'eau un gros *cunchi*. Cela nous a rabattu le caquet ! Nous avons tout de suite découpé le *cunchi* en petits morceaux pour en faire des appâts et nous sommes mis au travail. Nous avons ainsi rapidement pris huit ou neuf poissons, notamment un *zungaro* d'environ quatre kilos. Le docteur, qui l'avait attrapé, était très fier de sa prise car, selon les spécialistes, ce type de poisson est très difficile à pêcher, surtout avec un hameçon.

Rayonnant de plaisir, nous sommes rentrés au sanatorium avec notre butin, que le docteur comptait transformer en *seviche*[1]. Tandis que nous prenions congé de lui, Fúser, avec sa causticité habituelle, nous lança :

— Alors comme ça, la banane n'est pas un bon appât ?

Que faire d'autre, sinon rire de bon cœur ?

Le jeudi 12, j'ai travaillé toute la matinée au laboratoire, tandis que Pelao accompagnait le docteur dans sa tournée. Nous avons mangé le fameux *seviche* au déjeuner, puis sommes partis jouer au football. Je ne me lasserai jamais de répéter combien ce court trajet est merveilleux, dans ce bateau rempli de jeunes gens en route pour quelques heures de sport après avoir terminé leur journée de travail.

---

1. Plat typique de la cuisine péruvienne, à base de poisson cru mariné dans le citron, les oignons et les piments.

On entre dans une petite crique aux berges herbeuses ombragées de somptueux arbres fruitiers. Ils comptent sûrement parmi les plus beaux qu'il m'ait été donné de voir : l'apparence d'un noisetier, mais plus grand, avec des feuilles d'un vert plus vif.

Mais ce n'est qu'un avant-goût du terrain de football le plus pittoresque jamais imaginé par un globe-trotter sportif comme moi ! Au cœur de la forêt amazonienne, serti dans un écrin de palmiers et de kapokiers, de lianes et de plantes grimpantes ou ornementales emmêlées, c'est un lieu qui ne ressemble à aucun autre.

Le terrain en lui-même est large mais assez petit, à l'instar du Stade national à Córdoba, où Ernesto, Tomás, Gregorio et moi avons si souvent joué. Il m'a rappelé quel bonheur c'était de jouer avec les trois Granado en milieu de terrain et Fúser dans les buts. Me rappelant soudain l'absence de nouvelles de ma famille, j'ai senti mon euphorie s'atténuer quelque peu. Au retour du match, j'ai contacté Iquitos par radio pour demander si des lettres nous attendaient à la poste. Toujours rien.

Dans la soirée, le directeur nous a proposé de partager avec lui les restes de *seviche*. Nous nous sommes régalés ! Quand je serai rentré en Argentine, j'essayerai cette recette avec du *kingfish*[1]. Puis, alors que nous nous préparions à dormir, le dentiste est venu nous voir pour nous inviter à une soirée qui se déroulait chez lui.

Lorsque nous sommes arrivés, la fête battait son plein. Un « grand orchestre » – deux guitares et un saxophone – était en train de massacrer une valse péruvienne. En nous

---

1. Thazard, ou maquereau bonite *(NdT)*.

voyant, les convives nous ont salués en applaudissant bruyamment, criant et portant des toasts.

Les gens buvaient de la bière, du *pisco*, du vin doux et du bouillon de poulet – dans n'importe quel ordre et en quantités variables. Fúser et moi nous sommes montrés plus prudents. Et nous n'avons laissé passer aucune danse : valses, *marineras*, *porros* colombiens, *choros* brésiliens, mais surtout des mambos et des tangos – le mambo parce qu'il faisait alors fureur et le tango en notre honneur.

Le vendredi 13, il a plu sans discontinuer toute la matinée et nous n'avons pu nous rendre à l'hôpital. À la place, nous sommes retournés pêcher, même si l'on nous avait dit que, par temps de pluie, l'eau et la vase se mélangent, rendant la nourriture plus accessible aux poissons qui, par conséquent, « mordent » moins facilement. C'est ce qui s'est produit. Mais nous avons rencontré un Indien Yagua qui pêchait au harpon. Nous l'avons suivi et observé. Il utilisait de minces harpons en bois dont la pointe était taillée dans un bois plus dur ou dans de l'os. La poignée du harpon est attachée à un morceau de balsa – teint en blanc, en rouge ou en bleu – par une cordelette de deux à trois mètres. L'Indien parcourt en canoë les ruisseaux qui débouchent dans le fleuve et, dès qu'un poisson passe à portée de jet, il lance son harpon. S'il fait mouche, il ne perd pas de temps et remonte le cours d'eau, laissant derrière lui s'agiter le poisson harponné.

Tandis que l'Indien poursuivait sa traque obstinée, nous avons coupé le moteur de notre canot pour ne pas rompre le silence et nous sommes mis à naviguer à la rame. Imperturbable, même se sachant observé, l'Indien continuait de lancer ses harpons. S'il manquait sa cible, il récupérait son harpon à l'aide de la poignée et reprenait sa navigation sans quitter des yeux la surface de l'eau. À chaque tentative couronnée de succès, il laissait le poisson s'agiter dans la rivière.

En moins d'une heure, il avait pêché au moins neuf poissons. Puis il fit le trajet retour, cherchant les balises colorées parmi les racines et les branches plongées dans l'eau. Il récupérait ici une anguille, là un *maparache* ou le curieux *paiche*. Parfois, il ne trouvait rien à la pointe du harpon car le poisson avait réussi à s'échapper.

Encore émerveillés par l'habileté du pêcheur, nous sommes retournés dans notre lieu de résidence pour apprendre qu'une fête se préparait en l'honneur d'Ernesto : il aurait vingt-quatre ans le lendemain.

Un anniversaire inhabituel

Le matin du samedi 14 juin, nous étions en train de travailler au laboratoire. À 11 heures, nous sommes allés faire le tour des jardins potagers et avons joué au football avec quelques jeunes patients. Ensuite, nous leur avons parlé des stars du football argentin, qui sont aussi célèbres ici qu'à la maison, et l'inévitable sujet n'a pas tardé à venir sur le tapis : l'exode de beaucoup de nos meilleurs joueurs vers la Colombie.

Notre discussion était si animée que le bateau a failli repartir sans nous. À bord, le directeur nous déclara, sans chercher à cacher son admiration :

— Vous connaissez aussi bien Joyce et García Lorca que des léprologues comme Souza Lima et Darmendra ou des footballeurs comme Pedernera, Di Stefano et Labruna. Vous êtes des hommes de science et ça ne vous empêche pas d'aimer jouer au football avec des jeunes. Mais je crois que ce que je préfère en vous, c'est que vous vous contrefichez de l'opinion que les autres peuvent se faire de vous.

Pelao et moi avons échangé un clin d'œil et rougi comme des oies blanches.

Dans la soirée, nous étions invités au dîner d'anniversaire préparé pour Ernesto par la femme du directeur. Ensuite, nous sommes allés à la cantine où devait se dérouler la fête en son honneur. En chemin, il m'a dit :

— Écoute, Mial, j'ai l'intention de ne danser que des tangos, mais entre la façon dont ces gens font de la musique et ma mauvaise oreille, je suis incapable de reconnaître les différents airs. Alors, quand ce sera un tango, donne-moi un coup de pied sous la table.

Quelle ne fut pas notre surprise en constatant que la cantine était déserte ! Nous nous sommes assis. Quelques secondes plus tard, des coups furent frappés à la porte et l'orchestre, qui s'était caché en nous attendant, a fait irruption dans la salle sur l'air de « Joyeux anniversaire », pendant que dix ou douze jeunes filles, infirmières et filles de salle venaient faire cercle autour de nous. Chacune d'elles tira vingt-quatre fois sur l'oreille de Fúser, et les plus audacieuses allaient jusqu'à l'embrasser. La glace était rompue. D'autres fêtards sont arrivés, et l'orchestre s'est mis à jouer un tango. J'ai donné un coup de pied à Fúser, qui est aussitôt parti danser avec une jolie Indienne.

Les gens ont commencé à porter des toasts, et le *pisco* à couler comme de l'eau. Vers minuit, le directeur a fait un discours et complimenté Fúser. Ce dernier lui a répondu brièvement, mais, comme toujours, avec précision et profondeur. Il a loué l'esprit de recherche et le travail réalisé dans cet hôpital au cœur de la jungle, l'hospitalité et l'affection accordées à deux inconnus dont ils ne savaient rien mais à qui ils avaient ouvert leur porte et leur cœur. Des applaudissements nourris ont accueilli ses déclarations.

Alors que la fête semblait sur le point de s'achever, une autre était en cours dans la zone résidentielle de la colonie. Nous nous sommes lancés à la conquête de ce nouveau site, chacun muni d'une bouteille de *pisco* ou d'eau-de-vie, les musiciens en tête de cortège.

En nous voyant arriver, les autres ont fermé les portes de leur maison et ont éteint les lumières. L'orchestre s'est mis à jouer une valse qui parlait de bonheur et de longue vie. Les lumières se sont alors rallumées et les portes ouvertes – la fête pouvait continuer ! À un moment donné, il y avait tant de monde en train de danser dans la maison sur pilotis qu'elle a commencé à vibrer. On aurait dit une de ces maisons de dessin animé qui bougent au rythme de la musique.

Fúser, bien sûr, était très courtisé, et nombre de filles se battaient pour lui voler une danse. L'une d'elles avait attiré son attention. Nous nous sommes conformés à notre plan : si un tango était joué, je donnais un coup de pied à Ernesto et tout se passait bien. Mais un imprévu est venu déranger notre plan : l'orchestre, après une pause, a interprété une mélodie brésilienne qui était la chanson préférée de la petite amie d'Ernesto, Chichina. En l'entendant, je me suis penché vers lui et lui ai glissé à l'oreille :

— Tu te souviens ?

Ce faisant, je lui ai malencontreusement tapé sur le pied. Aussitôt, Fúser s'est élancé sur la piste de danse avec la jolie Indienne qui était restée assise dans un coin, à l'observer. Avant que je puisse réagir, Pelao faisait danser son amie au rythme langoureux du tango pendant qu'autour d'eux les autres couples se démenaient au rythme rapide d'un *choro* brésilien. Comprenant que quelque chose ne tournait pas rond, il s'est approché de ma table. Incapable de parler à cause de mon fou rire, j'ai tenté de lui expliquer par quelques signes que les autres dansaient beaucoup plus vite que lui. N'ayant pas saisi le message, il est retourné danser, marquant lourdement 1, 2, 3, 4, tourner, 1, 2, 3, 4, tourner…

Nous n'avons rejoint nos lits qu'à l'aube, en sueur, épuisés, heureux. Trois heures plus tard, nous étions de nouveau debout : nous voulions rendre visite à une tribu d'Indiens Yaguas.

Les dix ou douze heures qui suivirent nous ont permis de vivre une expérience inoubliable. Le directeur de l'hôpital, qui est partant pour toutes les aventures, s'était arrangé avec l'un des infirmiers – fils du chef d'une petite tribu d'Indiens voisine – pour nous emmener à la chasse au singe.

Nous avons remonté la rivière sur près de trois kilomètres. Laissant un groupe occupé à pêcher, nous sommes entrés dans les terres avec Roger, le docteur, et Tomás, l'infirmier.

La forêt, qui n'est plus vierge depuis longtemps mais demeure splendide, s'étendait droit devant nous. Les arbres gigantesques nous cachaient le ciel, reliés par des lianes suspendues. Le seul accès à la forêt était un petit sentier connu des seuls guides.

Après quelques minutes de marche, nous sommes entrés dans le village. Le chef nous attendait, entouré par ses femmes et un nombre indéterminé d'enfants. Le plus petit d'entre eux, dans un élan de confiance émouvant, grimpa aussitôt dans mes bras. Tous étaient vêtus de leur tenue traditionnelle en fibres de palme.

La communauté vit dans une sorte de très grand abri où les femmes cuisinent pendant que les enfants jouent. Leur dortoir – où ils se retrouvent tous ensemble, parents, enfants, frères, sœurs – ressemble à un grand four sphérique construit en feuilles de palmier tressées avec une petite porte d'accès. Le tout est hermétiquement clos pour tenir à distance les moustiques.

Nous avons rejoint, accompagnés du chef, le groupe de chasseurs qui s'apprêtait à partir. La forêt, si dense au début, se clairsemait petit à petit. Après environ un kilomètre, nous avons aperçu ce qui ressemblait à une cascade d'eau claire tombant du ciel. Tomás nous a expliqué qu'il s'agit d'une illusion d'optique provoquée par la lumière filtrant au travers des arbres ayant perdu leurs feuilles suite au passage des singes.

Nous approchant de la zone lumineuse, nous avons vu qu'elle faisait comme une grande fenêtre de plusieurs kilomètres de long sur environ cinq mètres de large. Les branches des arbres avaient été complètement dénudées. Une fois sur place, on nous a demandé d'enduire notre visage et nos mains d'une mixture à base de graisse de singe et de roucou, afin de repousser les moustiques et de neutraliser notre odeur humaine qui risquait d'avertir les animaux de notre présence. Nous nous sommes accroupis à côté d'un groupe de femmes et d'enfants déjà assez grands. L'un des chasseurs, accroupi lui aussi, à une quinzaine de mètres de nous, tenait une sarbacane dans une main et une fléchette enduite de curare dans l'autre.

Une demi-heure devait s'être écoulée dans l'attente quand nous avons perçu ce qui ressemblait à des aboiements de chiots. Nous nous sommes tous baissés encore plus. Je m'attendais à voir surgir les animaux dans la seconde, mais un temps long, très long s'est écoulé sans que rien ne se produise. L'attente s'est encore prolongée interminablement – peut-être pendant trois quarts d'heure. Les cris de singes se faisaient de plus en plus audibles à chaque minute.

Soudain, alors même que je croyais tous mes sens en éveil, j'ai été surpris par l'ombre de deux singes assez imposants qui passaient au-dessus de nos têtes, immédiatement suivis par des centaines de singes de toutes tailles, mâles, femelles, beaucoup agrippant leurs bébés, se déplaçant bruyamment dans les frondaisons dépouillées de feuilles. Difficile de rester immobiles dans ces conditions. Fúser et moi ne quittions pas des yeux le chasseur.

Tous les singes étaient passés et personne n'avait bougé. Deux ou trois minutes plus tard, un autre groupe de huit singes passa. Puis quatre autres. Quelques minutes plus tard, on n'entendait plus que les hurlements des singes au loin. Mais c'est alors qu'un singe isolé est apparu, assez gros, suivi de trois autres. Lorsque le dernier du groupe passait au-dessus des broussailles où se tenait tapi l'Indien avec sa sarbacane, il a brusquement dégringolé, comme un fruit mûr. L'une des femmes derrière nous s'est précipitée pour le prendre dans ses bras et le rapporter. Nous l'avons regardé : il était rigide, et seul le mouvement de ses yeux indiquait qu'il n'était pas mort mais seulement paralysé par la fléchette empoisonnée. Je l'ai pris dans mes bras et ai constaté avec stupeur qu'il était beaucoup plus lourd que sa taille ne le laissait imaginer.

Ensuite, nous avons eu droit à des explications : il faut faire très attention à ne tuer que le dernier singe du groupe car, si les autres voient un des leurs se faire tuer, ils modifient leur itinéraire et il ne reste plus qu'à partir à la recherche d'un nouveau terrain de chasse.

Petit à petit, d'autres chasseurs nous ont rejoints. En tout, cinq singes avaient été capturés. Nous sommes rentrés au village en portant chacun d'eux ligoté à une branche. On nous a proposé de rester pour partager le repas, ce que nous avons accepté.

En attendant que tout soit prêt, nous sommes partis nous promener. Nous nous sommes essayés au tir à la sarbacane. Nous avons aussi vu un jardinet où les Indiens cultivent des petits piments semblables aux piments argentins les plus corsés.

Le Dr Bresciani nous a expliqué que les piments étaient très présents dans l'alimentation des Indiens. Sur le plan biochimique, Fúser et moi avons conclu que cette grande consommation devait être liée à la richesse du piment en vitamine C.

À notre retour au village, nous avons été accueillis par l'odeur de la viande grillée. Le chef nous a tendu une gourde remplie de *mazato*, de l'alcool de manioc fermenté. Nous étions tellement soucieux de nous faire comprendre du chef et des autres chasseurs que nous ne nous sommes pas aperçus que le directeur et Tomás s'étaient éclipsés.

Bientôt, le repas commença. Nous nous sommes assis dans la hutte, devant de grandes feuilles de banane plantain en guise d'assiettes. Elles ont bientôt été remplies de manioc et de bananes. Pendant que nous mangions, le directeur et Tomás ont réapparu avec un plateau contenant un singe rôti semblable à un nouveau-né.

Fúser et moi nous sommes regardés. Apparemment, nous faisions les frais d'une plaisanterie. Prenant notre courage à deux mains, nous avons demandé à être servis sans plus attendre car nous mourions de faim.

Dès la première bouchée, j'ai senti ma langue prendre feu. Je ne peux même pas dire que je connais la saveur de la viande de singe : je n'ai senti que la brûlure atroce du piment.

Avec une nourriture si épicée, nous avons bu beaucoup de *mazato*. Ce qui a donné à nos amis une bonne occasion de se payer à nouveau notre tête. Après avoir vidé quatre ou cinq gourdes, on m'a demandé si j'aimais cette boisson.

— Et comment, ai-je répondu. Ça ne se voit pas ? Et j'en avalai une autre gorgée.

— Tu veux venir voir comment on prépare le *mazato* ?

J'ai acquiescé et suivi Tomás dans un endroit à l'écart. S'il n'était pas encore digne de l'Enfer de Dante, le spectacle qui s'est offert à mes yeux était terrifiant : cinq ou six femmes assises autour d'une bassine plate, fumant ou discutant, les unes édentées, les autres aux dents parfaites, mâchonnaient des morceaux de manioc qu'elles finissaient par cracher dans la bassine.

— Et voilà, ton délicieux *mazato* est prêt ! commenta Tomás.

J'ai senti mon estomac soulevé par un haut-le-cœur. L'apparence humaine du singe rôti, l'odeur âcre de la graisse dont nous avions enduit notre visage et maintenant, cerise sur le gâteau, ces femmes crachant dans la bassine… tout cela était trop rude pour mon système nerveux. Je me suis précipité dans la forêt pour vomir tout ce que j'avais mangé et bu.

Peu après, mes forces recouvrées, nous sommes retournés près de l'embarcadère où nous avions laissé les autres pêcher. Ils commençaient à s'inquiéter de notre retard. De retour dans la colonie, nous sommes restés longtemps éveillés, à nous remémorer jusqu'aux petites heures du matin les détails de la chasse au singe.

Hier, mardi 17, Pelao a réalisé un autre de ses rêves : traverser l'Amazone à la nage. En dépit de nombreuses mises en garde contre les dangers de cette entreprise – les alligators et les piranhas qui, comme nous le savons désormais, sont prompts à apparaître à la première goutte de sang –, il a insisté. Pour ma part, j'ai préféré ne pas perdre mon temps à le dissuader. Je lui ai simplement fait promettre que, s'il venait à être blessé par une des centaines de branches ou de rondins charriés par le courant, il remonterait immédiatement à bord du canot.

Nous nous sommes mis en route à 14 heures. À cet endroit, le fleuve est large de plus d'un kilomètre, mais Ernesto a nagé dans le sens du courant et, à mi-parcours, il s'est tourné sur le dos et s'est laissé dériver pendant une dizaine de minutes. Puis, recommençant de nager, il a atteint la rive opposée à environ cinq kilomètres de la colonie.

Pantelant mais heureux, il a grimpé dans le canot et nous sommes rentrés accompagnés d'un des docteurs, de Roger, du beau-frère du directeur et d'autres jeunes gens qui ne dissimulaient pas leur admiration pour le courage de Fúser.

Le soir, une fête fut organisée pour saluer son exploit. L'organisateur de la soirée était un homosexuel mégalomane qui ne cessait de vanter les fêtes et les réceptions qu'il organise chez lui ou des balades à cheval qu'il fait avec des médecins, des artistes et des membres du gouvernement. Le tout, bien sûr, directement sorti de son imagination.

Sous prétexte qu'il avait organisé la soirée, il nous a servi un interminable discours, à la fois satisfait et grossier, sans prêter attention aux nombreuses tentatives de l'interrompre. Il nous a expliqué ainsi que tous les convives, hormis le directeur et nous-mêmes, étaient de pauvres ignares dénués de savoir-vivre qui profitaient de la présence dans la colonie de gens éduqués pour améliorer leur vie médiocre. Enfin, son discours s'est achevé et nous avons pu porter les inévitables toasts. Mon estomac ne s'étant pas encore remis de notre excursion de dimanche, j'ai à peine touché un verre. Nous n'avons pas tardé à nous mettre au lit.

Voici donc mon résumé des dix premiers jours passés à la léproserie de San Pablo. Comme je l'ai dit en débutant ces notes, de nouvelles pluies torrentielles se sont abattues sur nous aujourd'hui, aussi avons-nous consacré la journée à mettre au point un nouveau plan : le voyage jusqu'à Leticia en radeau. Nous avons l'intention de le fabriquer à partir de la carcasse d'un immense radeau utilisé pour transporter le bétail jusqu'ici. Alfaro et Chávez, deux employés de la colonie, nous aident à le remettre en état. Il est constitué de douze troncs de balsa (un arbre de la région, dont le bois à faible densité flotte très bien) attachés par des lianes. Il mesure environ trois mètres de long sur sept de large. Au centre, un petit abri recouvert de feuilles de palmier appelé *tambo* dans l'argot des pêcheurs du coin. Le tout a fière allure. Nous sommes ravis à l'idée de ce voyage sur l'Amazone, rendu possible au prix de grands efforts.

Léproserie de San Pablo, 19 juin 1952

Comme il n'y a pas de visite le jeudi, nous sommes partis pêcher en groupe. Nous avons emporté tout l'équipement nécessaire, y compris un filet, mais aussi un peu d'argent pour « attraper » des fruits.

Au final, nous avons pris vingt gros poissons, notamment trois *maparates* et des *gaminotes*. Ce sont des poissons énormes pesant chacun plus de cinq kilos. Nous avons aussi pêché de gigantesques sardines et cette sorte de dorade qu'on appelle par ici « sardine dorée ».

Nous nous sommes arrêtés dans plusieurs fermes pour acheter et manger une douzaine de papayes.

Vers midi, nous avons croisé par hasard un imposant *zúngaro*, flottant presque en surface. Tomás, l'infirmier, qui sous une mince couche de civilisation cache un sang pur d'Indien Yagua, a attrapé un harpon, coupé le moteur et ramé vers le poisson. Il m'a évidemment rappelé l'Indien que nous avons observé quelques jours plus tôt. Sans ses vêtements, il aurait pu être son frère jumeau.

Il s'est approché à cinq mètres environ et, quand le poisson a fait mine de s'enfuir, Tomás a lancé le harpon avec une telle adresse qu'il s'est planté au beau milieu de l'animal. Malheureusement, le harpon n'étant pas équipé de balise, le *zúngaro* est allé se cacher parmi les roseaux au bord du fleuve.

À peine quelques secondes plus tard, les cieux se sont ouverts et, sous l'effet d'un vent violent, des vagues se sont formées comme si nous étions en haute mer.

Roger, que l'exploit d'Ernesto avait quelque peu agacé, voulait atteindre l'autre rive à la nage pour montrer son courage, mais quand le bateau a commencé à tournoyer et à se remplir d'eau, il a pris peur et est retourné sur la berge d'où nous étions partis. Nous n'avons pu nous empêcher de nous moquer gentiment de ce fanfaron car l'expression de frayeur qui se dessinait sur son visage invitait autant au rire qu'à la compassion.

Le vent s'étant apaisé, nous avons traversé le fleuve et débarqué sur la terre ferme. Le poisson a été grillé, et nous avons occupé le reste de la journée à regarder tomber la pluie en évoquant ce que nous avons vécu depuis que nous sommes à San Pablo.

Des adieux inoubliables

À bord de notre radeau
le Mambo-Tango, *20 juin 1952*

Hier soir, les patients de l'hôpital nous ont offert de tels témoignages d'affection qu'ils compteront sûrement parmi les plus beaux souvenirs de ma vie. Voici ce qui s'est passé : aux alentours de 19 heures, nous avons été appelés à l'embarcadère. Là, sous une bruine tenace, se trouvait amarré un bateau rempli de patients, hommes, femmes et enfants. En nous voyant, ils ont lancé plusieurs « hourras ! » et se sont mis à entonner des chansons. Le personnel de l'hôpital presque au complet était aussi présent. L'orchestre de la colonie, dirigé par le saxophoniste, enchaînait mélodie sur mélodie.

Le temps est passé à toute vitesse et la nuit est tombée. Trois des patients ont pris tour à tour la parole. Avec simplicité et presque timidement, ils nous ont dit combien ils nous admiraient d'avoir entrepris ce voyage et nous remerciaient de la façon dont nous les avions traités.

Quand le troisième en a eu fini, Fúser m'a poussé doucement du coude pour que je leur réponde. La gorge serrée d'émotion, je n'ai d'abord pas pu prononcer un mot, puis je me suis lancé dans un petit discours, assez maladroit d'abord, mais qui, l'un dans l'autre, se tenait.

Plusieurs chansons ont suivi, et un autre patient a pris la parole à son tour, au nom de tous les malades et du personnel. L'instant fut bref mais chargé d'émotion. Les applaudissements ont bientôt laissé la place à une chanson d'adieu, tandis que le bateau s'éloignait en glissant sur l'eau silencieuse. Ce fut le moment le plus intense de cette soirée : ce bateau blanc disparaissant lentement dans la nuit pluvieuse, tandis que les voix des patients résonnaient toujours à nos oreilles. C'était un rêve qui ne ressemblait en rien à la réalité. Et pourtant c'était la réalité, une réalité de bonté et d'attention, de cet amour de l'humanité qui nous unit tous.

Ce matin, nous avons fait le tour de la colonie pour la dernière fois. Les enfants, qui savent désormais que nous sommes à l'abri de la contagion, sont venus nous dire au revoir en nous proposant de partager leurs tranches d'ananas et leurs chérimoles. Ils nous ont même donné deux ananas pour le voyage.

Les vieillards, pour leur part, nous ont donné des conseils, nous recommandant entre autres de nous méfier des empilements de bois charriés par le fleuve, liés entre eux par des lianes et qui dérivent, portés par le courant. S'ils entraient en collision avec le radeau, celui-ci n'y résisterait pas.

Nous sommes revenus à l'hôpital et dans la zone saine. Tandis que nous faisions nos derniers adieux et mettions la dernière touche à notre embarcation, nous avons remarqué que les inscriptions MAMBO et TANGO avaient été peintes de chaque côté du *tambo*. Ainsi notre radeau s'est-il trouvé baptisé *Mambo-Tango*.

Tous les gens que nous croisions voulaient nous donner de la nourriture, si bien que nous nous sommes retrouvés avec des provisions pour un mois au lieu de quelques jours : beurre, saucisses, viande en conserve, farine, lentilles, pois chiches et bien d'autres choses encore. Nous avons également une lanterne, du kérosène, des œufs frais, une papaye, un régime de bananes et même deux poulets vivants !

Ces marques d'affection nous touchaient profondément et nous ne cessions d'aller saluer nos amis quand Fúser, toujours aussi résolu, trancha :

— Allez, Mial, prends quelques photos et on s'en va.

Ce que nous avons fait. Nous avons embarqué avec le directeur et Chávez, qui avait construit le radeau. Ils nous ont aidés à manœuvrer pour atteindre le milieu du courant. Roger et Montoya nous suivaient à bord de leur canot à moteur, pour ensuite les ramener à terre.

Une fois en position, nous avons testé la rame fixée à la poupe du radeau, qui sert aussi de gouvernail, afin de nous assurer que nous pouvions contrôler l'embarcation. Satisfaits du résultat, le directeur et Chávez sont retournés sur le canot à moteur après nous avoir pris en photo, naviguant au milieu de la rivière. En nous rendant l'appareil, ils nous ont serrés dans leurs bras, un pied sur le radeau et l'autre sur le canot.

Bientôt, nous sommes passés à la hauteur de l'asile où beaucoup de gens nous ont salués. Et nous nous sommes enfin retrouvés au milieu de l'Amazone, livrés à nous-mêmes.

Nous étions si excités que nous ne pouvions pas tenir en place. Nous nous sommes amusés à faire la course avec un tronc qui venait de nous dépasser. Il nous a fallu ramer pendant une demi-heure pour le distancer de plusieurs centaines de mètres et abandonner la course.

Fatigués et un peu plus détendus, nous nous sommes assis à l'ombre du *tambo* – et avons mangé un morceau pour nous changer les idées. Plus tard, nous avons tué l'un des poulets, puis l'avons déplumé et suspendu dans l'abri pour le garder au frais.

Tandis que j'écris ces lignes, Fúser accroche la moustiquaire et allume la lanterne. À la nuit tombée, nous devrons rester visibles car nous allons bientôt passer Chimbote, la dernière ville de garnison péruvienne, et nous ne voulons pas être pris pour des contrebandiers et canardés par les militaires.

J'en ai assez écrit pour aujourd'hui. Je dois aller aider Pelao à manœuvrer le radeau car il vient de dériver sur la gauche et Chimbote se trouve de l'autre côté.

À bord du Mambo-Tango, *21 juin 1952*

La nuit dernière, malgré l'énergie que nous avons déployée en ramant, nous avons eu du mal à maintenir le radeau au milieu du courant. Comme les inévitables moustiques ont surgi, nous nous sommes relayés chacun dix minutes à la rame. Soudain, les lumières de Chimbote sont apparues. Nous avons tenté d'orienter le radeau vers le quai, mais c'était impossible. Quelques minutes plus tard, les lumières avaient disparu. La garnison ne saura jamais que nous étions passés.

Énervés à l'idée de ne pas avoir pu nous arrêter, nous avons essayé de maintenir le cap pour être plus heureux au prochain poste-frontière. Notre tentative se révéla tout aussi infructueuse. Nous avons préféré renoncer et aller dormir dans le *tambo*, protégés par la moustiquaire.

À notre réveil, nous étions bloqués contre des troncs accumulés sur la rive droite. Nous aidant des rames, nous avons remis le radeau dans le courant puis nous sommes allés nous préparer un petit déjeuner. Il n'était pas loin de 8 heures. À l'arrière de notre abri, nous avons aménagé un petit coin couvert de terre humide sur lequel nous avons pu faire un feu et préparer le maté en nous servant des braises. Nous en avons aussi profité pour lancer la ligne de canne à pêche que nous ont offerte les malades. Nous étions en train de finir notre maté quand j'ai vu la ligne se tendre. Je suis allé la tirer. Au début, elle n'offrait guère de résistance, mais bientôt j'ai eu besoin de l'aide de Pelao, qui était en train de découper le poulet de l'autre côté du radeau.

Après une lutte de vingt minutes, nous avons hissé le poisson hors de l'eau. C'était une énorme anguille qui pesait près de onze kilos. Nous l'avons vidée et mise à l'ombre pour qu'elle ne pourrisse pas. Une heure plus tard, nous sommes passés devant une maison et un champ de manioc. Malgré notre garde-manger bien rempli, nous n'avons pas pu contenir notre envie de manger un peu de manioc grillé. Le courant nous ayant rapprochés du rivage, l'abordage n'a pas été difficile.

Fúser, le plus fort de nous deux, tentait de maintenir le radeau en place pendant que j'essayais de sauter à terre. C'est alors que les deux troncs servant d'embarcadère se sont écartés comme les branches d'un compas et je me suis retrouvé les mains d'un côté et les pieds de l'autre. En marchant en crabe, j'ai réussi à me hisser jusqu'à l'endroit où les deux troncs étaient encore réunis. Fúser, lui, essayait toujours de stabiliser le radeau avec les rames. Enfin, il m'a lancé la liane qui nous servait d'amarre et je suis parvenu à l'arrimer autour d'un poteau.

Une fois surmontée cette première épreuve, une autre m'attendait : comment me faire comprendre de la femme indienne à qui appartenait le champ de manioc. Après quelques tentatives infructueuses, j'ai opté pour la plus pragmatique : j'ai rempli pour environ deux *soles* de manioc le panier qu'elle m'avait tendu et, suivant les coutumes péruviennes, je lui en ai proposé trente *cents*. Elle a refusé. Je suis monté jusqu'à un demi-sol. Devant son silence que j'ai pris pour un assentiment, je suis allé vider le panier sur le radeau, je l'ai rendu à la femme et nous sommes repartis.

Nous avons tout de suite mis une partie du manioc à griller et préparé le poulet. Comme il était un peu dur, nous l'avons fait bouillir avant de le faire frire, ajoutant ensuite les abats, le riz, les pâtes et l'ail pour obtenir une soupe capable de réveiller un mort !

Après la soupe, nous avons mangé un des énormes ananas en guise de hors-d'œuvre avant le déjeuner. Comme nous l'attaquions avec voracité et que le jus coulait dans nos barbes clairsemées, je n'ai pas pu m'empêcher de dire à Fúser :

— Ainsi, c'est bien vrai que les voyages ouvrent l'esprit et affinent les manières ! Regarde-toi : quel parfait exemple tu donnes !

Ayant bien ri, nous avons terminé l'ananas, puis nous avons de nouveau jeté la ligne, un morceau de poulet en guise d'appât. À peine était-elle entrée dans l'eau qu'elle m'échappa des mains. Par chance, elle était fixée au radeau ; j'ai donc pu la rattraper et tirer en appelant à la rescousse Ernesto, qui surveillait la friture.

À environ dix mètres du radeau, une anguille, énorme elle aussi, faisait des bonds d'un mètre au-dessus de l'eau. Le temps que Pelao vienne me donner un coup de main, le poisson ne tirait plus sur la ligne : il avait emporté l'hameçon avec lui en cassant un fil de maçon à forte section.

Le crépuscule n'allait plus tarder. Le courant étant très violent, nous avons décidé de mettre en place des tours de veille d'une heure. C'est alors que nous avons constaté que le radeau fonçait droit sur un tronc émergeant de l'eau. Nous avons manœuvré les rames vigoureusement pour éviter l'arbre et ses racines, mais la collision paraissait inévitable – et les dommages causés au radeau risquaient d'être terribles. Fúser est allé s'accroupir à la proue et, quand les plus grosses branches furent à portée de main, il s'en saisit tout en s'arc-boutant pour faire dévier le radeau. Pendant ce temps, je me servais de ma rame comme d'un levier. Nos efforts nous permirent d'échapper au danger.

À cause du choc et du léger affaissement du toit du *tambo* heurté par les branches, le poulet encore vivant s'est échappé et a sauté dans l'eau quand nous avons essayé de l'attraper. Fúser et moi nous sommes regardés et avons hésité quelques secondes. Je ne sais si c'est à cause de la lumière déclinante, de notre épuisement ou de la vitesse du radeau, mais un instant d'hésitation a suffi et nous avons perdu le poulet, qui a bientôt disparu à nos yeux.

Il est à présent 23 h 30. Fúser ronfle. Le radeau glisse doucement sous un firmament tellement étoilé qu'il paraît d'argent. Je suis assis à côté de la lanterne, occupé à écrire, un œil aux aguets, prêt à voir surgir un entassement de rondins ou un tronc d'arbre à demi submergé.

Mon esprit me ramène chez moi. En cet instant, je donnerais n'importe quoi pour me trouver auprès de ma famille et lui dire combien je me sens bien et heureux. Je me dis que je devrais revenir avec un peu d'argent pour assurer à mes parents un peu de confort matériel. Certes, de l'argent, je pourrais en gagner en Argentine, mais mon désir de voyager doit s'accorder avec mon désir de venir en aide aux autres. Et si j'arrive à concilier les deux, pourquoi m'en priverais-je?

Sur l'Amazone, 22 juin 1952

Ce matin, nous nous sommes réveillés en territoire brésilien. Nous sommes passés au large de Ramón Castilla et de Leticia aux petites heures, sans doute vers 2 heures.

Pendant notre tour de garde, nous avons chacun vu de faibles lumières sur le rivage. Toutefois, nous pensions que ces deux ports seraient équipés de phares ou de lumières signalant leur présence ; de toute façon, nous nous sommes dit que si un radeau ou toute autre embarcation passait devant eux sans s'arrêter, ils enverraient un canot à sa poursuite.

Quoi qu'il en soit, dès que nous avons vu une maison, nous nous en sommes approchés et avons demandé si Leticia était encore loin. Un homme nous a expliqué qu'elle se trouvait à environ deux heures de navigation et que nous étions maintenant au Brésil. Nous avons largué les amarres près de cette maison et, dans notre portugais chaotique, nous avons passé un marché avec l'homme : nous lui laissons notre radeau en échange d'une remontée de l'Amazone à bord d'une pirogue creusée dans un tronc d'arbre. La perspective de ce nouveau voyage me réjouit déjà.

Leticia, 23 juin 1952

Notre périple du jour a été un vrai plaisir. Pendant plus de cinq heures, nous avons remonté l'Amazone en pagayant à bord d'une pirogue indienne. La première heure n'a pas été facile, mais ensuite nos efforts se sont révélés largement payants.

Comme nous progressions lentement, j'avais tout le temps d'observer le paysage environnant et les petits singes qui faisaient des pirouettes d'arbre en arbre. Vers 13 heures, nous avons déjeuné d'un petit poisson, de bananes frites et d'une papaye. Nous avons continué de pagayer, le Brésilien assis à la proue, moi au milieu et Fúser à la poupe. Nous sommes partis à 9 heures et sommes descendus à Leticia vers 15 heures.

Une fois en territoire colombien, nous nous sommes rendus au poste de police, puis à la caserne et enfin au bureau des douanes, où nous avons expliqué comment nous étions arrivés. Nos passeports ont reçu un tampon d'admission avec la mention « arrivés par râteau » au lieu de « radeau ». Je voudrais conserver ce passeport, non pour la faute d'orthographe, mais parce qu'il immortalise une façon peu commune d'arriver dans un pays. Cela fera un joli souvenir.

Après maintes démarches, nous avons obtenu de loger dans le quartier général de la police et de prendre nos repas au poste. Nous sommes allés récupérer notre équipement au port et l'avons déposé dans notre chambre. L'accueil qu'on nous a réservé est jusqu'à présent plutôt froid, mais je pense que « ça va s'arranger avec le temps ».

La ville est petite, presque entièrement peuplée d'employés du gouvernement et des services de douane ainsi que de soldats.

Dire que tant de sang péruvien et colombien a été versé pour ce morceau de terre – pis : que chaque partie est encore persuadée que cela en valait la peine.

Leticia, 24 juin 1952

La nuit dernière, j'ai dormi comme un sonneur. Ce qui ne m'a pas empêché de continuer à pagayer : je m'émerveillais devant des oiseaux au plumage fabuleux, des palmiers graciles et des papillons aux couleurs délicates. Bref, je revivais ces moments inoubliables dans mes rêves…

L'après-midi, nous sommes allés nous présenter au colonel en charge de la garnison et à d'autres officiers. Ils étaient tous assez grossiers, aucun livre ou magazine n'était visible dans leurs bureaux et ils paraissaient incapables de suivre une conversation normale. Dès que cela a été possible, Fúser et moi avons pris la poudre d'escampette…

Leticia, 25 juin 1952

Aujourd'hui, nous avons fait la connaissance d'un des médecins de la ville. Il semble très ouvert d'esprit. Nous avons eu une conversation intéressante. Il est responsable de diverses réformes menées dans le nouvel hôpital et manifeste un grand intérêt pour toutes sortes de choses. Pendant que nous étions avec lui, il s'est occupé aussi bien de problèmes administratifs que de questions de maçonnerie ou de menuiserie – bref, de tout ce qui concernait cet hôpital.

L'après-midi, nous nous sommes rendus jusqu'au port pour tenter d'échanger des sols contre des pesos colombiens auprès de l'équipage d'un bateau à destination du Pérou. Notre réputation, apparemment, nous avait précédés. Des marins et des douaniers nous ont appris que le capitaine en second d'*El Cisne* leur avait parlé de « deux scientifiques qui font le tour des toutes les léproseries du monde ».

Le soir, l'un des directeurs de l'Independiente Sporting Football Club nous a rendu une petite visite. Quel salaire voulions-nous pour rester à Leticia et entraîner l'équipe locale ? Nous lui avons répondu que nous ne voulions pas d'un salaire car nous ne savions pas combien de temps nous comptions rester, mais que nous serions présents dès demain sur le terrain de football. Il n'aurait qu'à nous payer en fonction du résultat.

De la léprologie au football

À 5 heures du matin, alors que le soleil était déjà bien levé, nous nous sommes rendus au terrain de football. Les joueurs n'ont pas un très bon contrôle de ballon, mais ils ont de l'énergie à revendre et sont obéissants. Leur style de jeu rappelle celui des Argentins dans les années 30 : le gardien solidement campé sur sa ligne de but, la défense bien en place dans sa zone et les milieux de terrain courant dans tous les sens.

Nous leur avons inculqué quelques notions de marquage serré. Après une demi-heure d'entraînement, nous avons fait une petite partie opposant les défenseurs aux attaquants, et ils ont été ébahis de voir quels résultats donnait ce nouveau type de marquage. Ce match d'entraînement nous a permis de mettre en évidence le lien entre la défense et l'attaque.

Sur le chemin du retour, nous nous sommes arrêtés chez l'un des joueurs et, faute de mieux, nous lui avons emprunté un manuel de géographie et une *Histoire de la Colombie* en guise de lecture avant de s'endormir.

Leticia, 25 juin 1952

Hier soir, un des lieutenants de garde à la garnison nous a proposé de venir boire une bière avec lui. L'alcool lui déliant la langue, il nous a raconté quelques histoires sur la guérilla. D'après ce que nous avons compris de son récit, il semblerait que le gouvernement cherche à faire passer pour de simples frictions dans les plaines colombiennes ce qui est en réalité une véritable guérilla qui dure depuis dix ans.

Il nous a raconté notamment l'attaque de sa garnison lorsqu'il était encore sergent. Le siège avait duré dix jours, d'intenses échanges de coups de feu avaient causé la mort de dix hommes et une vingtaine de blessés. Lui-même avait été touché par deux balles. À Bogotá, on l'avait cru mort, il avait même reçu les honneurs à titre posthume. Son « action héroïque » lui avait valu une promotion qui semble lui être montée à la tête.

Ce matin, nouvel entraînement avec les joueurs. Ils sont avides d'apprendre. Nous essayons de mettre au point de nouvelles techniques. Les défenseurs hésitent toujours à sortir de leur périmètre, de peur d'exposer leur gardien. Quand Fúser est dans la cage, c'est facile : il leur crie où aller et quel adversaire marquer. Avec le gardien habituel, les joueurs sont moins détendus.

Ensuite, nous sommes allés faire un tour à l'hôpital, où nous avons vu quelques cas de paludisme. Dans la soirée, nous avons retrouvé les joueurs et avons parlé football et tactiques jusque tard dans la nuit.

Leticia, 28 juin 1952

Nous sommes samedi. Après l'entraînement, nous sommes allés marcher un peu. Nous avons traversé la frontière colombienne pour nous retrouver au Brésil.

Nous sommes arrivés dans la ferme d'un paysan très prospère. En huit mois, il a transformé la parcelle de terrain que lui avait donnée le gouvernement en une véritable exploitation. Cette expansion lui a valu de recevoir trois mille pesos colombiens. Il commence également à exploiter – de façon certes très rudimentaire – le bois de la forêt voisine. Il nous a invités à revenir demain pour déjeuner avec lui.

Dans l'après-midi, nous avons visité un navire échoué de la marine marchande colombienne qui transportait des pavés. Sa valeur est estimée à plusieurs millions de pesos. La seule chose à faire pour le remettre à flot serait de construire une passerelle en planches et de décharger sa cargaison. Au lieu de ça, tandis que le bateau se désagrège lentement, le gouvernement paye l'équipage – sur les deniers publics, évidemment – à traîner dans les bars qui pullulent autour des docks. J'ai fait part à Pelao de ma remarque quant à l'inertie du gouvernement.

— Tu ne vois pas, m'a-t-il répondu d'un air avisé, que c'est une sorte de démonstration de force de la Colombie vis-à-vis du Brésil et du Pérou ?

Il a peut-être raison.

Leticia, 29 juin 1952

En vue du tournoi à élimination directe qui se joue cet après-midi, nous avons joué un match d'entraînement tôt ce matin contre une équipe bien meilleure que la nôtre. Fúser était l'arbitre et moi l'entraîneur, le *coach* pour reprendre le mot anglais utilisé par les Colombiens.

Dans l'ensemble, notre équipe a plutôt bien négocié la première mi-temps, notamment les défenseurs qui ont su mettre en pratique le marquage que nous leur avons appris. Les attaquants n'ont pas eu l'occasion de briller, mais ils ont tout de même fait figure honorable. À l'entrejeu, le score était de zéro partout. En deuxième mi-temps, hélas, nous nous sommes effondrés. En dépit de mes cris et de mes mises en garde, nos arrières et nos milieux de terrain se retrouvaient systématiquement coincés. Nous avons encaissé deux buts.

Si nous ne voulons pas être éliminés d'entrée cet après-midi, Pelao et moi devrons jouer : lui pour diriger la défense, moi pour délivrer aux attaquants davantage de bons ballons. Nous verrons…

Il est à présent 22 heures et je suis en train de réchauffer mes pieds dans une bassine d'eau chaude.

Après le match de ce matin, la journée s'est déroulée ainsi : à midi, nous sommes allés voir le Brésilien. Nous sommes arrivés assez tôt et nous lui avons exposé notre souhait de partir explorer la forêt, hors des sentiers battus. Julinho, c'est ainsi qu'il se prénomme, nous a alors montré un arbre donc le tronc portait des sortes de racines hautes. Frappées avec une branche, elles produisaient un son de tambour.

— Allez vous promener ! Si vous vous perdez, appelez-moi en tapant sur l'*anacahuita* et je viendrai vous chercher.

Nous avons accepté sa proposition. Comme nous entrions dans la forêt, Ernesto m'a dit :

— Ça m'étonnerait qu'on ne se perde pas.

Nous avons marché pendant vingt minutes, prenant quelques photos d'arbres gigantesques. En revenant, nous avons emprunté un chemin qui devait nous mener droit sur la ferme, mais nous avons vite compris que ce n'était pas la bonne direction. Nous sommes revenus sur nos pas.

Avisant un *anacahuita*, nous avons pris une branche et nous avons frappé le tronc à plusieurs reprises. Dix minutes plus tard – qui nous ont paru une éternité –, Julinho est apparu sur un sentier voisin, le visage éclairé d'un large sourire.

Nous sommes retournés à la ferme en discutant de la facilité avec laquelle on peut se perdre en forêt. Beaucoup de jeunes garçons et de jeunes filles étaient présents. Un guitariste et un joueur de maracas ont interprété des sambas brésiliennes, des *porros* colombiens et des valses péruviennes.

Nous nous sommes assis par terre pour manger. Le repas est servi comme chez les Indiens, c'est-à-dire sur de larges feuilles de banane plantain. La soupe et les boissons sont versées dans une *totuma*, sorte de grosse gourde à maté taillée dans un arbre et non, comme en Argentine, dans une plante grimpante. Certaines *totumas* ont la taille d'une orange, d'autres celle d'une petite citrouille. C'est dans ces dernières que la soupe est servie.

On nous a servi un ragoût de pintade – ou de quelque autre volatile à plumes blanches. C'était délicieux et nous en avons repris plusieurs fois. La boisson était le *mazato*, mais, n'ayant pas oublié le secret de sa préparation, je n'ai même pas voulu le voir. À la place, on nous a proposé une noix de coco fendue en deux et remplie d'eau-de-vie. La boisson s'est révélée des plus exquises. Une fois le déjeuner terminé, nous avons pris congé de notre hôte car le tournoi de football nous attendait.

Il a débuté à 16 heures. Le règlement était simple : matches à élimination directe, deux mi-temps de vingt minutes avec cinq minutes de repos à l'entrejeu. La finale se jouait en deux mi-temps de trente minutes. Nous avons remporté nos deux matches – le premier sur le score de deux buts à zéro : j'ai marqué au bout de cinq minutes, mais, peinant à digérer le déjeuner, je me suis contenté ensuite de faire des passes à mes partenaires. Au cours du deuxième match, aucun but n'a été marqué, grâce à Pelao qui a fait des merveilles dans sa cage. Mais comme nous avions tiré trois corners contre un seul à nos adversaires, notre équipe a été déclarée victorieuse.

Pelao et moi-même étions les vedettes de la finale. J'étais marqué par deux joueurs, mais ils ne parvenaient jamais à me prendre le ballon. Au lieu de ça, mes passes arrivaient toujours dans les pieds de mes partenaires – même si trois d'entre elles n'ont pas été converties en but lorsqu'elles auraient dû l'être.

La foule était déchaînée. J'ai reçu le surnom de « Petit Perdenera », dont je me sens toujours aussi flatté. Mais c'est surtout Fúser qui est devenu le héros de l'après-midi, non tant d'ailleurs en raison de ses arrêts que pour la manière dont il dirigeait sa défense. Sans lui, nous aurions sans doute encaissé deux ou trois buts.

La partie s'étant soldée par un score nul – et puis-qu'il s'agissait de la finale –, nous sommes passés à la séance des tirs au but. Un des trois tirs adverses était un véritable boulet de canon : le ballon est allé au fond des filets. Le deuxième était hors cadre et Pelao a stoppé brillamment le troisième. Le ballon filait dans la lucarne droite, mais, d'une fabuleuse extension du bras, Ernesto l'a fait passer par-dessus la barre transversale.

Notre avant-centre était chargé de riposter, mais ses trois tirs ont passé largement au-dessus du but adverse. Notre équipe a fini à la deuxième place, mais nous étions tout de même les héros du jour et tout le monde était admiratif des progrès accomplis en quelques jours par l'Independiente Sporting. Ce n'était d'ailleurs pas tant à cause de notre prestation, à Fúser et à moi, qu'en raison de la mise en œuvre de ces nouvelles stratégies. Nous nous sommes engagés à reprendre l'entraînement dès demain avec tous les volontaires.

Leticia, 30 juin 1952

Ce matin, après un long et pénible marchandage, nous avons vendu la lanterne du radeau à l'intendant de la caserne pour trois pesos. Puis nous sommes allés laver notre linge dans le fleuve.

Comme promis hier, l'après-midi a été consacré à l'entraînement de football. À la fin du match, alors que les couleurs allaient être descendues, Ernesto – qui avait reçu le ballon sur le genou, à l'endroit d'une ancienne blessure – s'est mis à chercher un morceau de papier pour stopper le saignement. Sitôt le drapeau descendu, le colonel a piqué une colère noire, accusant de façon très agressive Fúser d'avoir bougé pendant la cérémonie. Un instant, j'ai craint qu'Ernesto ne riposte de la seule façon possible et je me suis dit : « Adieu, Colombie… » Mais Fúser a ravalé sa colère et gardé le silence. Il sait toujours adapter son comportement aux situations.

Leticia, 1er juillet 1952

Aujourd'hui, nous avons reçu par avion un câble nous autorisant à voyager tous les deux avec un seul billet. Dans l'après-midi, nous avons reçu notre salaire d'entraîneurs : quarante pesos colombiens au lieu de trente.

Nous avons vendu ce qu'il nous restait de provisions à l'intendant de la caserne. Comme il savait que nous partions, il nous a acheté pour 15 *pesos* ce qui en valait au moins 50.

Bogotá, ville assiégée

Bogotá, 2 juillet 1952

J'ai expérimenté une nouvelle sensation aujourd'hui : mon premier voyage en avion. Bien sûr, il a fallu que ça sorte de l'ordinaire, c'est pourquoi mes débuts de voyageur aérien se sont déroulés dans un hydravion-cargo, un bimoteur Catalina vieux de plusieurs décennies.

À 7 heures du matin, Ernesto et moi étions « parfaitement en place » parmi les sacs de courrier, les uniformes de soldats et les balles de caoutchouc. Les moteurs se sont mis à vrombir. J'étais tendu et plein d'appréhension. Comment mon estomac allait-il réagir ?

L'avion a glissé à la surface du fleuve. À cause d'un fort vent arrière, il a dû s'y reprendre à plusieurs fois pour décoller. J'ai regardé les arbres et le fleuve s'amenuiser au-dessous de nous. Quelques minutes plus tard, nous volions à 10 000 pieds d'altitude.

Pendant trois heures, nous avons survolé la forêt. On aurait dit un vaste champ de choux. L'étendue verte était interrompue, de temps en temps, par la cime écarlate des *bucares*. Les rivières ressemblaient à des labyrinthes, leur cours sinueux se subdivisant pour dessiner un réseau d'affluents en forme de toile d'araignée. Une fois affranchi de la couche nuageuse, le soleil apparut dans toute sa splendeur. La forêt était partiellement inondée. Les reflets du soleil sur cette mer cachée par les feuillages nous ont accompagnés comme un disque doré tournoyant.

Après trois heures de vol, nous avons vu l'avion replier ses flotteurs sous ses ailes et sortir ses trains d'atterrissage. Tres Esquinas était en vue. Nous sommes sortis. Comme je ressentais une vive douleur au genou gauche – ma blessure du ménisque a été mise à rude épreuve ces derniers jours –, nous sommes restés à proximité de l'appareil.

Après avoir fait le plein de kérosène, le Catalina a redécollé. Une demi-heure plus tard, nous avons atteint les montagnes. Le manteau nuageux étant assez épais, l'avion a grimpé jusqu'à 14 000 pieds. Nous avons tout de même traversé un gros nuage et, pour notre plus grand plaisir, l'avion s'est mis à vibrer et à essuyer de bonnes secousses. Au-dessus d'une région de basses collines, nous sommes sortis du nuage et le vol s'est poursuivi plus paisiblement. Après avoir survolé une petite chaîne montagneuse, nous sommes enfin arrivés audessus de la savane.

Nous avons d'abord suivi le cours du Magdalena, que nous connaissions bien d'après nos lectures sur les fleuves d'Amérique du Sud. Un peu plus tard, l'avion s'en est écarté et le paysage est devenu une plaine immense, uniformément verte, marquée seulement par les cicatrices des routes.

À 14 heures, nous avons atterri à Madrid, un aéro-port militaire à une trentaine de kilomètres de Bogotá. Les vents tourbillonnants nous ont contraints à des manœuvres délicates. De là, nous avons rallié Bogotá à bord d'un camion de l'armée. Nous avons laissé nos affaires dans un hangar des Forces armées colombiennes, puis nous sommes allés à l'ambassade d'Argentine où le consul nous a reçus. Pour une fois, il s'est montré correct avec nous. Il nous a traités vraiment bien, nous remettant des lettres de nos familles et nous trouvant un endroit où dormir sur le campus de l'université.

Je suis fou de joie. Nous voilà à Bogotá ! Nous avons des pesos colombiens gagnés de la plus étrange façon – en tant qu'entraîneurs de football. Et, pour couronner le tout, des lettres envoyées par nos parents nous apprennent que tout le monde va bien et que chacun se réjouit de suivre nos aventures et d'apprendre que nous nous en tirons relativement bien… Je me sens heureux, convaincu qu'aucun nuage ne pèse à l'horizon.

Après avoir salué le consul, nous nous sommes rendus sur le campus, situé aux abords de la capitale au cœur d'un très beau parc. Les logements des étudiants sont regroupés dans deux bâtiments, juste à l'entrée.

De part et d'autre de l'avenue principale se trouvent les différentes facultés, aux parterres plantés d'arbres et de roseraies. L'avenue débouche sur le stade, à côté des bureaux du rectorat.

Le recteur nous a reçus. Il pouvait nous offrir des repas, mais pas d'hébergement car toutes les chambres sont occupées par des étudiants boursiers de l'Unesco. Peu après, nous sommes partis explorer la ville. Bogotá est située à quelque 3 000 mètres au-dessus du niveau de la mer et est entourée de collines arides, ce qui lui donne un aspect assez étrange.

Le centre-ville est de type colonial, avec des rues extrêmement étroites et de hauts immeubles. De toute évidence, la population s'est développée trop vite pour la ville et la circulation est incessante. Mais ce qui retient le plus l'attention, c'est le nombre de policiers en armes à chaque coin de rue. On voit tout de suite que le gouvernement ne se sent pas en sécurité. Je n'aime pas du tout l'ambiance de ce secteur de la Colombie.

Bogotá, 3 juillet 1952

Hier après-midi, en nous promenant dans le parc derrière la cité universitaire, nous sommes tombés sur un groupe de jeunes jouant au football. Nous nous sommes joints à eux et avons un peu joué – mais l'altitude m'a mis presque KO. J'avais du mal à courir sans m'essouffler. Si on ne prend pas le temps de s'y adapter progressivement, c'est incroyable comme cet air raréfié peut vous fatiguer.

Nos partenaires de jeu étaient des ouvriers travaillant dans une usine toute proche. Nous avons parlé football et leur avons donné un aperçu des aventures que nous avions vécues depuis le début de notre périple. Ils riaient de bon cœur à certaines de nos anecdotes, tout en échangeant des regards qui semblaient demander s'il fallait croire à nos histoires.

Quand le soir est tombé, nous nous sommes quittés et sommes allés manger à la cantine étudiante. Pour la première fois depuis de nombreuses semaines, nous étions assis à une table dressée selon les règles de notre société civilisée. Le repas était bon. Une chose, toutefois, nous a surpris : ici, on commence par les fruits frais ou une salade de fruits, ensuite viennent les plats salés.

Je me suis senti très fatigué en sortant de table. Je commençais à me rendre compte qu'en l'espace de quatorze ou quinze heures, nous étions passés de la forêt tropicale, au niveau de la mer, aux hauts plateaux des Andes ; d'une vie rustique et dépouillée du bassin amazonien à une gigantesque métropole sophistiquée. Drôle de façon de passer l'essentiel de sa journée !

Nous avons quitté la lumière et la chaleur du réfectoire des étudiants pour partir à la recherche d'un logement. Il tombait une légère bruine qui, après une journée aussi trépidante, rendait une bonne nuit de sommeil d'autant plus désirable. Bientôt, pourtant, nous avons senti qu'il nous manquait quelque chose d'essentiel : un endroit confortable où reposer notre tête.

Nous avons commencé par retourner à la base militaire où nous avions laissé nos couvertures. Mais toutes les issues étaient hermétiquement fermées. Nous nous sommes rendus dans plusieurs postes de police – il y en avait quasiment un par pâté de maisons –, mais partout nous avons été mal reçus. Après une autre tentative infructueuse, cette fois pour passer la nuit dans une station-service, nous avons atterri à l'hôpital San Juan de Dios. Il était déjà minuit. Nous avons dû convaincre le veilleur de nuit de nous laisser entrer et nous sommes partis à la recherche du médecin de garde. Il était saoul comme une barrique. Au début, il s'est montré soupçonneux, doutant que nous puissions être des confrères. Puis, avec cette affabilité d'ivrogne, il a fini par nous offrir ce qu'il avait de mieux : deux chaises. Il s'est excusé de ne pas pouvoir nous proposer autre chose de plus confortable et il est parti cuver ailleurs.

Nous nous sommes endormis sur les chaises jusqu'à 6 heures du matin, puis sommes sortis prendre un petit déjeuner. Quelques heures plus tard, nous nous sommes présentés au Dr Maldonado, munis d'une lettre de recommandation du Dr Pesce. Il s'est montré assez cordial avec nous, nous a fait rencontrer le Dr Serrano, responsable de la campagne anti-lèpre, qui nous a promis de nous donner la permission de loger à l'hôpital Santa Clara. Nous devions repasser à 15 heures pour récupérer une autorisation écrite.

Ensuite, nous avons fait un saut jusqu'au club de football des Millonarios pour saluer quelques joueurs argentins. Nous avons rencontré Banegas et lui avons laissé entendre que nous serions heureux d'assister au match qui les opposera dimanche au Real Madrid. Il a fait mine de ne pas comprendre.

Nous sommes allés déjeuner à l'université. Nous avons fait observer à nos compagnons de table l'importance de la présence policière sur le campus. Après moult précautions oratoires, ils nous ont confié qu'une grève étudiante venait d'être sauvagement réprimée par le gouvernement et la police.

Après déjeuner, nous avons pris la direction du centre-ville. En traversant un terrain vague tapissé d'un épais gazon, nous avons cédé à la tentation de nous allonger ; après le bon repas que nous venions de faire et notre mauvaise nuit, nous étions très fatigués. Nous nous sommes assoupis. Une désagréable bruine nous a bientôt contraints à quitter notre « chambre » et, en attendant qu'elle se dissipe, nous nous sommes réfugiés sous une porte cochère. Puis nous sommes arrivés dans un petit parc avec des bancs. Je m'y suis allongé et ai dormi pendant qu'Ernesto écrivait dans son journal.

À mon réveil, nous avons décidé de nous rendre au consulat d'Argentine. Ne trouvant pas notre chemin, nous avons eu la mauvaise idée de le demander à un policier. Il s'est mis à nous suivre sans que nous nous en rendions compte. Après avoir tourné en rond, nous n'arrivions pas à nous décider sur la direction à prendre. Ernesto a alors sorti son couteau de *gaucho* – plus un coupe-papier qu'autre chose – et a tracé un plan sur un mur. Apparemment intéressé par ce beau petit couteau en argent, le policier s'est approché et le lui a confisqué.

Après une brève altercation, nous avons décidé de suivre le policier pour lui reprendre le couteau. À peine avions-nous traversé un pâté de maisons qu'il nous a fouillés pour trouver des armes. Au lieu de quoi il est tombé sur les pilules antiallergiques de Fúser.

— Attention ! a lancé Ernesto d'une voix mi-sarcastique mi-hargneuse. C'est un puissant poison !

Pourquoi a-t-il dit cela, je n'en ai aucune idée. Toujours est-il que nous avons été aussitôt emmenés au poste de police. L'agent de garde était très occupé : il jouait aux dés avec trois autres policiers. Nous avons eu beau faire, aucun n'a voulu comprendre. Pour finir, dans un mouvement d'humeur, l'agent a conclu que nous voulions nous moquer de la police colombienne. Bien entendu, nous avons nié en bloc et le ton est monté. Il a tenté de nous faire peur pour couper court à la dispute et nous lui avons demandé d'arrêter de crier et de nous rendre le couteau.

Par chance, un sergent un peu moins borné que ses collègues est intervenu. Il a perçu tout le ridicule de la situation et nous a conseillé d'aller réclamer le couteau au commissariat central, dont il nous a donné l'adresse.

Une fois relâchés, nous sommes allés voir le Dr Maldonado. Il nous a expliqué qu'il n'avait pas pu nous trouver une chambre à l'hôpital Santa Clara, mais qu'il allait contacter l'Institut Lleras, une clinique pour lépreux.

Le reste de la journée a été consacré à essayer d'obtenir un visa pour le Venezuela. Dans la soirée, la discussion a tourné autour d'une loi qui permet à des malades non traités en phase contagieuse de recevoir des soins dans des établissements privés. Je ne suis pas certain que le Dr Maldonado ait beaucoup apprécié nos critiques.

Bogotá, 5 juillet 1952

Aujourd'hui, nous avons été victimes d'une injustice terrible et honteuse. Comme on nous l'avait conseillé, nous sommes allés réclamer le couteau de Fúser au commissariat central de police. Tandis que nous tentions d'expliquer notre cas au sergent de garde, l'agent qui s'était montré si brutal avec nous mercredi nous a remarqués et s'est entretenu avec un major qui tournait en rond, sans rien faire. Ce dernier, après avoir écouté l'agent, a ordonné d'une voix tonitruante au sergent de rédiger une note pour nous faire expulser du commissariat au motif que nous avions tenté de ridiculiser les autorités.

Il était inutile d'essayer d'argumenter : le major a fait demi-tour, est monté dans une voiture et a démarré à toute vitesse en enclenchant la sirène. Avant de comprendre ce qui se passait, nous avons été jetés dans une fourgonnette blindée. Personne n'a cherché à savoir qui nous étions ni ce que nous faisions. Nous avons traversé Bogotá avec ce nouveau moyen de transport (l'un des rares que nous n'avions pas encore essayés) et, après avoir été traînés de bureau en bureau, où chacun préférait confier notre cas à son voisin, nous nous sommes retrouvés devant le juge local.

À juste titre outragés, nous lui avons dit notre indignation, en tant qu'étrangers en possession de visas en bonne et due forme, d'avoir été traités comme nous l'avions été. Nous avons demandé au juge de téléphoner au Dr Cuello, qui lui a clairement expliqué qui nous étions tout en exagérant légèrement nos mérites. On nous a aussitôt relâchés.

Cet incident nous a inspiré plus d'hilarité que de colère. Ce qui n'ôte rien au comportement dominateur des policiers. Il apparaît que, des agents les plus minables aux officiers les plus gradés, chacun agit en toute impunité sans avoir à répondre à quiconque d'éventuels outrages.

Ce qui nous a surtout découragés, c'est qu'en parlant de cet abus d'autorité avec les étudiants du campus comme avec les médecins de la clinique Lleras, le seul conseil que l'on nous ait donné, hormis qu'il fallait condamner le comportement des policiers, est de ne pas porter plainte pour éviter que la situation s'envenime. En d'autres termes, le gouvernement a atteint ses objectifs : mater et intimider les citoyens. Pourtant, Fúser et moi avons bien l'intention de continuer à nous battre pour récupérer le couteau, non en raison de sa valeur, mais pour prouver qu'il ne faut jamais se contenter de résister faiblement ni tolérer les manœuvres d'intimidation.

Bogotá, 6 juillet 1952

Les musées et les bibliothèques étant fermés aujourd'hui, nous avons tué le temps en assistant à une course cycliste. Le Colombien Forero a battu au finish le Français Boyaert.

L'après-midi, nous sommes allés voir jouer le Millonarios contre le Real Madrid. C'était un bon match, dans lequel la beauté du jeu sud-américain s'opposait à la puissance et à la technique du football européen, efficace à défaut d'être brillant. Du côté du Millonarios, Di Stefano était inégalable et bien épaulé par Rossi, Pini, Báez et Cozzi. J'ai été particulièrement surpris par Mourín, qui n'a jamais montré en Argentine le talent dont il a fait preuve aujourd'hui.

Côté espagnol, la défense était impressionnante, pour ne rien dire du gardien de but, Alonso, qui bloqua très efficacement (mais pas très gracieusement) cinq tirs qui auraient dû entrer. J'ai aussi pu admirer Oliva, un milieu de terrain qui joue très en arrière, mais qui a un excellent contrôle de ballon, ainsi qu'un autre défenseur, Muñoz, vétéran de l'équipe nationale espagnole. Du côté des avants, Molowny, des îles Canaries, avait fière allure avec son style de jeu sud-américain, et Pahíño, de Galicie, qui, avec brio et courage, a plusieurs fois porté le danger dans le camp adverse.

C'était un match vraiment très plaisant. Il a tout à fait sa place dans la liste de mes matches préférés, qui ne sont pas nombreux, ni si rares que ça.

Nous sommes rentrés dans notre logement assez tôt car nous nous sommes rendu compte qu'une fois endormi, il est impossible de réveiller le veilleur de nuit ! À notre arrivée, il nous a annoncé que la mère supérieure avait déploré notre absence à la messe du dimanche.

Bogotá, 7 juillet 1952

Nous avons passé le début de matinée dans les bureaux de l'Immigration pour obtenir une autorisation de sortie. Ensuite, nous nous sommes rendus au consulat d'Argentine pour narrer au consul l'histoire du couteau, mais il était absent et nous avons repoussé notre visite à demain.

De retour sur le campus, nous avons discuté avec quelques étudiants. Ils semblent bien connaître les sujets politiques et montrent par conséquent une certaine ouverture d'esprit. Nous avons parlé politique, littérature et sport.

L'une des découvertes les plus enrichissantes que j'aie faites lors de ce bref séjour en Colombie est celle

---

1. Même s'il a passé une grande partie de sa vie en exil, Porfirio Barba Jacob (1883-1942) est le poète le plus célèbre de Colombie.

de la poésie de Porfirio Barba Jacob[1]. Pas plus que du Péruvien Vallejo, je n'en avais jamais entendu parler. En Argentine, personne ne connaît ces poètes. À la place, on nous fait étudier Menéndez y Pidal, ainsi que des dizaines de poètes européens avec lesquels nous n'avons rien en commun.

Bogotá, 8 juillet 1952

Nous sommes restés toute la matinée avec Di Stefano, à parler de football, de médecine et enfin, des montagnes de Córdoba. Il nous a offert du maté ainsi que deux tickets pour le match de demain.

L'après-midi a été consacré à obtenir des visas pour le Venezuela. Cela fait, nous sommes retournés au consulat d'Argentine. À notre demande, le consul a téléphoné au commissariat de police où nous sommes retournés réclamer le couteau. Nous avons d'abord parlé au juge puis à l'officier de garde. Le sergent à qui nous avions eu affaire samedi s'est joint à nous et nous a assuré qu'il appellerait l'agent responsable de ce micmac. Nous devons revenir demain après-midi récupérer notre bien.

Le soir, à l'université, nous avons discuté avec des étudiants qui ont obtenu une bourse de l'Unesco. Un Uruguayen et deux Vénézuéliens nous ont impressionnés par leur curiosité d'esprit et leurs idées progressistes. Ce sont des types bien. J'espère seulement que la pieuvre yankee ne va pas les étouffer car le parrainage de l'Unesco signifie que les États-Unis sont prioritaires à l'embauche.

À notre retour à l'hôpital, ce soir, nous avons constaté que notre chambre n'avait pas été faite. On dirait que les sœurs ont une dent contre nous.

Bogotá, 9 juillet 1952

Aujourd'hui, nous n'avons pas chômé. Le matin, nous étions à l'université où nous étions conviés à disputer une partie de football. À 11 heures, nous sommes partis rejoindre le stade Campín, où se déroulait le second match Millonarios-Real Madrid. On aurait dit un clone du premier : grâce et virtuosité du côté sud-américain, étalage de puissance du côté espagnol.

Ensuite, nous nous sommes rendus au poste de police. L'officier qui nous a reçus a tenté, comme ses collègues, de nous intimider, prétendant que nous avions tourné en ridicule les autorités et que l'affaire remonterait jusqu'au ministère de la Défense. Puis nous avons eu droit à l'habituelle volée d'insultes. Nous avons vigoureusement rejeté l'accusation. Et nous lui avons bien fait comprendre que nous comptions remuer ciel et terre pour faire valoir nos droits. Devant notre insistance, il nous a envoyés dans le bureau de l'officier en chef. Ce dernier nous a écoutés comme s'il n'avait jamais entendu parler de toute cette affaire, puis il nous a servi quelques allusions sur le danger qu'il y a de défier les autorités. Enfin, il a ouvert un tiroir et en a sorti le couteau. Fúser l'a pris avec une fierté non dissimulée. Heureux de ce dénouement, nous avons remercié l'officier et sommes partis.

Après un passage par la gare pour vérifier le prix d'un billet pour Agua de Dios, nous sommes allés au ministère de la Santé prévenir le Dr Maldonado de notre départ. Une surprise de taille nous y attendait : d'un ton glacé, il nous a annoncé qu'il avait envoyé un message à la clinique Lleras pour nous avertir que le ministère regardait notre visite à Agua de Dios comme peu souhaitable, tant pour nous que pour l'État. En conséquence de quoi nous n'étions pas autorisés à nous rendre à la léproserie.

Bien sûr, nous avons réclamé des explications, mais le docteur a refusé de nous en dire davantage et nous a ordonné de partir. Après le dîner, nous sommes allés à la clinique où l'on nous a remis sa lettre :

À Messieurs Alberto Granado et Ernesto Guevara,

Je vous écris pour vous informer que notre bureau a décidé de vous refuser l'autorisation de visiter la léproserie d'Agua de Dios. Je vous demanderai également de bien vouloir chercher un autre lieu d'hébergement car votre séjour à la clinique ne peut être prolongé plus longtemps.

Bien à vous,
Dr Maldonado

Bogotá, 10 juillet 1952

Ce matin, nous avons dû nous rendre une fois de plus au consulat du Venezuela. Puis nous sommes allés faire nos adieux au consul argentin et le remercier pour nous avoir aidés à récupérer le couteau de Fúser.

Au déjeuner que nous avons pris à l'université, les architectes et un groupe d'étudiants nous ont remis le fruit d'une collecte organisée pour nous : 100 pesos colombiens. Ils nous ont également appris que des voitures de police avaient patrouillé sur le campus et que des agents les avaient interrogés au sujet de deux Argentins sans papiers séjournant dans la Cité universitaire. Ils nous ont conseillé de partir, de reprendre nos affaires à la clinique et de gagner le Venezuela dans les plus brefs délais. Ils nous ont aussi dissuadés de descendre dans un hôtel ou dans une pension car le policier qui avait voulu garder pour lui le couteau de Fúser et l'officier qui nous avait arrêtés, furieux de la façon dont l'affaire s'était soldée, chercheraient sûrement à nous rendre la vie difficile.

Nous sommes partis, relevant au passage la bonté de ceux qui sont toujours prêts à venir en aide à celui qui est acculé contre un mur. Nous nous sommes aussi fait la réflexion que le régime actuel a réussi à instiller la peur jusque dans la moelle de ses citoyens.

Plus tard, nous avons fait une halte au Musée national. Visite très instructive : j'ignorais notamment que la civilisation inca avait eu une influence sur le sud de la Colombie, alors que les civilisations indiennes de l'est et du nord – par exemple, celles qui se sont installées près de la frontière vénézuélienne, dans la Guajira – étaient et sont restées très primitives. Nous avons aussi vu une superbe collection d'objets en or fabriqués par la civilisation cocha.

Comme le jour tombait, nous sommes allés chercher nos bagages. Selon Fúser, notre expulsion, loin d'avoir un motif politique, tiendrait au fait que nous avons décliné l'invitation de la mère supérieure à assister à la messe dominicale. À ce moment-là, nous avons entendu une sirène de police. Nous avons échangé un regard et Pelao, encore une fois, a trouvé le mot juste :

— Qui sait combien de sirènes ont retenti ces derniers jours sans que nous y prêtions attention. Maintenant que nous craignons que la police soit à nos trousses, elles nous semblent sacrément lugubres…

— Bon sang, oui, ai-je répondu en prenant mon sac à dos, mais suivons le conseil qu'on nous a donné et tâchons de nous faire discrets.

Nous avons marché jusqu'à la gare routière. Le premier car pour Cúcuta partait à 5 heures du matin. Nous avons laissé nos affaires dans un bureau et nous sommes préparés à passer la nuit à errer.

Nous sommes d'abord entrés dans un cinéma qui passait *Le Christ interdit*, de Curzio Malaparte. Malgré une apparence progressiste, le film laisse percevoir les penchants réactionnaires et fascistes de Malaparte.

Ensuite, nous sommes entrés dans un bar d'où s'échappaient quelques notes de tango. Nous avons commandé des bières. Un ivrogne assez cocasse s'est bientôt assis à notre table. Il s'est présenté comme un admirateur et un ami de Pedernera et de tout un tas d'autres footballeurs argentins. Il répétait sans cesse que Rossi était si populaire que, s'il venait un jour à être emprisonné, les militaires abattraient le directeur de la prison et une guerre civile éclaterait.

Plusieurs heures se sont écoulées dans le son des tangos et les récits de notre ivrogne. Les tangos se succèdent dans le juke-box sans que nous ayons à payer : il suffit à notre ami de presser le bouton tout en cognant la machine contre le mur et le disque se met à tourner comme si on avait glissé une pièce de monnaie.

Málaga, 11 juillet 1952

La nuit dernière, nous avons discuté jusqu'à 4 h 30, puis nous avons pris congé du supporter des Millonarios et sommes revenus à la gare routière. Le car est parti à 5 heures pile. Nous n'avions pas encore quitté la ville que je m'étais déjà endormi. Je me suis éveillé vers 7 heures, avec les premières lueurs du jour. Je me sentais heureux, libre. Devant nous la route s'engageait dans les collines. Les champs verdoyants, le ciel bleu, le petit vent frais qui pénétrait dans le car me rendaient euphorique.

Heureusement, Bogotá était derrière nous, et avec elle ses rues infestées de policiers, ses spécialistes hypocrites et cupides, ses étudiants qui, bien que généreux et lucides pour la plupart, vivent la peur chevillée au corps. La Colombie que nous avons vue aurait bien besoin d'un autre réformateur de la trempe de Gaitán[1].

La campagne que nous avons traversée ressemble un peu aux collines péruviennes, en moins imposant. À mesure que nous approchions de Málaga, les montagnes se sont faites plus hautes, plus arides et plus désertiques.

Nos compagnons de voyage étaient pour l'essentiel des soldats et leur conversation tournait autour des « vauriens » ou des « bandits », comme ils appellent les guérilleros qui combattent dans les plaines.

---

1. Jorge Eliécer Gaitán (1903-1948), avocat colombien, sociologue et politicien libéral. Élu président de la Colombie en 1946, il fut assassiné deux ans plus tard.

C'était douloureux de les entendre parler du plaisir qu'ils éprouvent en voyant les avions équipés de lourdes mitrailleuses massacrer les guérilleros en faisant exploser les rochers derrière lesquels ils se cachent. Comment un peuple peut-il progresser lorsqu'on le divise artificiellement en deux camps, les libéraux et les conservateurs, et que ces deux camps se font la guerre pour le seul profit d'une oligarchie incapable de les gouverner et donnant le pouvoir tantôt aux uns, tantôt aux autres ?

Cúcuta, 12 juillet 1952

Hier soir, nous avons dormi à Málaga, une ville rurale qui ne présente aucun caractère particulier. On y trouve la sempiternelle mairie, l'église et le parc avec des bancs où sont gravés, pour la postérité locale, le nom du commerçant ou du pharmacien qui a financé leur installation.

Dans le car, nous avons offert à manger à un jeune Nicaraguayen qui traversait une mauvaise passe.

Nous avons passé la nuit dans une pension à 50 *centavos* colombiens la nuit. Ernesto m'a réveillé sur le coup de 3 heures, en proie à une terrible crise d'asthme. Comble de malchance, nous avions laissé les médicaments dans nos bagages. J'ai donc été contraint de réveiller le veilleur de nuit pour retourner à la gare routière. Ce dernier, comme tous ses collègues, dormait du sommeil du juste et il m'a fallu déployer des trésors d'ingéniosité pour lui faire ouvrir l'œil.

De retour avec une seringue, j'ai pu faire une piqûre d'adrénaline à Ernesto. Puis je me suis rendormi jusqu'à

6 heures. Ensuite, nous avons repris notre périple. Nous nous sommes arrêtés à Pamplona pour petit-déjeuner. Nous étions à Cúcuta vers 16 heures, pour constater qu'on ne pourrait pas s'occuper de nous avant lundi car les douanes sont fermées le week-end.

Le Nicaraguayen nous a emmenés dans une pension qu'il connaissait. Nous nous y sommes installés et avons dîné – Ernesto très peu, à cause de son asthme. Le Nicaraguayen et moi l'avons laissé se reposer et sommes partis faire un tour en ville. À notre retour, l'état de santé de Fúser avait empiré. Après une nouvelle piqûre, je lui ai souhaité bonne nuit.

Cúcuta, 13 juillet 1952

Cúcuta est typique des villes frontalières cosmopolites. À chaque coin de rue, on tombe sur des personnes de races différentes, occupées aux travaux les plus divers. Et, bien sûr, toujours à se plaindre de leur origine, de leur situation, rêvant de pâturages plus verts dont elles se lasseront tout aussi vite et où elles rêveront encore d'autres horizons…

Il fait très chaud ici, mais c'est assez plaisant. Cela se reflète dans le caractère des habitants, plutôt enjoué et pétulant. De chaque maison s'échappe un vacarme à base de radio, de cris et d'éclats de rire. Les rues sont remplies de colporteurs vendant des boissons, des glaces et des bonbons. Ils attirent le chaland par des chansons, des sifflements et des claquements de mains. Bref, une ville tropicale pittoresque, qui m'a quelque peu réconcilié avec la Colombie.

Le matin, nous nous sommes baladés dans les faubourgs, parmi les manguiers et les cocotiers, et dans le marché où l'on peut acheter à peu près tout et n'importe quoi, du climatiseur au hamac en fibres de palme. Nous avons croisé quelques clients, les « contrebandiers-fourmis » comme on les appelle par ici, qui avaient habillé leur petite fille de dix ans tout au plus avec six robes portées l'une sur l'autre. Le Nicaraguayen, qui connaît cet endroit, nous a expliqué que la petite fille devait aussi porter dix soutien-gorges et vingt culottes qui seraient revendus beaucoup plus cher au Venezuela.

L'après-midi, nous avons écouté à la radio la retransmission du match entre l'équipe brésilienne de Botafogo et le Millonarios. Ce sont les Brésiliens qui ont gagné. Dans la soirée, nous sommes allés écouter de la musique folklorique colombienne. C'est magnifique – surtout les *porros*, et tous ces rythmes tropicaux…

Nous avions décidé de finir la soirée dans le quartier des bordels, mais Pelao se sentait encore très faible après sa crise d'asthme. Je lui ai administré une nouvelle piqûre. Son état de santé m'inquiète ; il faut avoir le cœur d'Ernesto pour supporter les doses que je lui ai données…

Une fois que je l'ai vu profondément assoupi, je n'ai pas pu résister : je me suis faufilé hors de la chambre et suis allé réveiller le Nicaraguayen pour aller dans le quartier chaud. Nous sommes arrivés dans un secteur de pensions minables où des centaines de malheureuses attendent leur visa d'entrée au Venezuela. Elles pensent toutes pouvoir devenir riches en faisant commerce de leurs charmes et rêvent de gagner suffisamment d'argent pour quitter ce terrible métier.

Nous avons vu de belles femmes de toutes nationalités, même des Européennes, en particulier des Espagnoles, des Italiennes et des Françaises. Mais la plupart sont latino-américaines : cubaines, chiliennes, argentines, panaméennes et bien sûr beaucoup de Colombiennes. Elles sont impatientes de traverser la frontière car elles s'imaginent qu'ainsi elles pourront échapper à leur misère et à la médiocrité de leur vie provinciale.

Il n'y a pour elles que deux façons d'obtenir un visa : trouver assez d'argent pour verser un pot-de-vin ou coucher avec un homme suffisamment influent. N'ayant ni argent ni relations, j'ai pu rester, hélas ! fidèle à mes principes, et j'ai tenté de démontrer à ces femmes, de la façon la moins douloureuse possible, combien elles se berçaient d'illusions. Je leur ai parlé de la traite des Blanches en Argentine. Je leur ai expliqué qu'elles étaient les victimes d'un système social qui les marginalise, les exploite et les traite comme des marchandises.

Le Nicaraguayen, qui rêve de devenir millionnaire en cherchant des diamants dans l'Orinoco, s'est senti directement visé et a tenté de réfuter mes arguments en citant des passages tirés du *Reader's Digest* traitant du libre-échange ; il y était par exemple question du vendeur de journaux devenu un magnat de la presse, etc. À ma grande surprise, la plupart des femmes sont tombées d'accord avec moi – même si, tout au fond d'elles, elles sont persuadées qu'elles ne peuvent pas se dresser contre leur destin et qu'elles n'ont pas d'autre choix que de s'y résigner.

Sur les terres de Bolívar

À partir d'aujourd'hui, cette date ne sera plus seulement pour moi l'anniversaire de la prise de la Bastille, mais aussi celui de mon départ de Colombie. Pas la Colombie dont avaient rêvé Bolívar et Gaitán, mais celle de Laureano Gómez[1], qui m'a accueilli beaucoup moins chaleureusement que ses autres pays frères.

Vers 7 heures du matin, nous nous sommes mis en route pour la frontière entre la Colombie et le Venezuela. À 9 heures, nous nous sommes retrouvés devant un douanier qui a aussitôt rallumé toutes mes allergies anti-colombiennes. Enfin, avec un soupir de soulagement, nous avons traversé le pont qui surplombe le fleuve Táchira et relie les deux pays. Peu après, nous voilà de nouveau dans les engrenages de la bureaucratie, aux prises cette fois avec des douaniers vénézuéliens.

---

1. Laureano Gómez (1889-1965), politicien conservateur pugnace et personnage public détesté, président de la Colombie de 1949 à 1951.

Après avoir signé des centaines de formulaires une heure durant, laissé nos empreintes digitales et répondu aux sempiternelles mêmes questions, nous sommes remontés, enfin libres, dans la camionnette qui nous avait amenés.

La route est assez belle. Nous avons traversé une petite chaîne montagneuse et, au bout de deux heures de route, nous avons atteint San Cristóbal qui rappelle beaucoup Cúcuta, en moins cosmopolite. Les rues sont très raides et débouchent en général sur des petites plantations de canne à sucre, de manioc ou de bananes. Mais c'est la rivière Torbes qui offre le spectacle le plus pittoresque, avec ses eaux rouge vif qui contrastent avec les berges verdoyantes.

J'aimerais beaucoup prolonger ce séjour au Venezuela. Tout d'abord, parce que les Vénézuéliens m'ont fait meilleure impression que leurs voisins. Ensuite – et ce détail est assez révélateur – parce que San Cristóbal est pourvue d'une bonne bibliothèque municipale alors qu'à Cúcuta, qui est une ville bien plus importante, on considère apparemment les bibliothèques comme superflues et inutiles.

Sur la route entre Barquisimeto et Corona,
16 juillet 1952

Nous avons quitté San Cristóbal lundi à 23 heures. Nous étions onze entassés dans la camionnette, dans des positions très inconfortables. J'ai beaucoup dormi.

Le lever du soleil m'a réveillé à 6 heures. La route est semblable à celle d'hier : étroite et sinueuse, bordéc de bananeraies en contrebas. Puis nous avons pris de la hauteur et traversé d'immenses étendues arides, d'une monotonie que n'interrompit qu'un cactus géant. Cette région s'appelle El Páramo.

Nous avons déjeuné à Puente Real pour la somme astronomique de 2,50 dollars chacun. Avec le taux de change, le coût de la vie est très élevé. L'après-midi, à cause du poids excessif de son chargement, la camionnette a gravi très lentement les côtes. Pour couronner le tout, nous avons subi trois crevaisons. Le conducteur a acheté un nouveau pneu à Médina, mais, comme il a un poil dans la main, il n'a pas vérifié la roue de secours et la quatrième crevaison n'a pas tardé. Nous avons perdu pas loin de deux heures à réparer et à colmater les pneus. Notre dernière avanie a été un vent glacé, pas exactement fréquent dans une région tropicale.

Une fois résolu ce dernier contretemps, nous avons poursuivi notre ascension et sommes entrés à Pico del Águila, 4 700 mètres d'altitude, vers 16 heures. Nous y avons pris notre déjeuner avant de repartir, en descente cette fois-ci, et sur une route tout aussi abrupte qu'à la montée. J'ai dormi jusqu'à 7 heures du matin. À mon réveil, nous roulions dans la plaine. La jungle empiétait sur la route et la température avait sérieusement grimpé. Comme le climat peut varier en fonction de l'altitude, dans ces régions tropicales !

Nous avons atteint Barquisimeto à 10 heures. C'est une ville assez importante et apparemment prospère. Nous avons fait une brève halte, dont nous avons profité pour regarder les autres étancher leur soif avec des bières pendant que nous buvions de l'eau. Le taux de change est si élevé que nous devions réfléchir à deux fois avant d'acheter quoi que ce soit. Bien sûr, beaucoup de nos compagnons de voyage occasionnels voulaient nous offrir à boire, mais nous avions déjà suffisamment accepté d'invitations et nous ne voulions pas passer pour des tapeurs.

Nous sommes repartis pour Valencia et, vers 11 heures, pam ! Notre cinquième crevaison ! Comme nous pouvions le redouter, il n'y avait plus de roue de secours. Le conducteur et quelques hommes se sont donc fait prendre en stop pour aller chercher des pneus de rechange au village le plus proche. De notre côté, nous avons décidé d'aller boire un maté. Nous nous sommes approchés d'une maison au bord de la route et y avons vu une famille de Noirs, ce qui nous a d'abord beaucoup surpris : dans la région andine d'où nous arrivions, la race espagnole et la race indigène prédominent. Et voilà que nous nous retrouvions face aux représentants d'un groupe qui, dans l'Amérique du Sud que nous connaissons, est une minorité ethnique !

Pendant que nous buvions notre maté, sous le regard étonné des habitants de la maison, nous nous sommes souvenus du roman de Rómulo Gallegos[1], *Pobre Negro*, ainsi que des lieutenants noirs de l'armée de Bolívar, et ce souvenir a un peu tempéré notre surprise. Puis, nous avons réfléchi aux suites à donner à notre expédition. Après avoir pesé le « pour » et le « contre », nous sommes

---

1. Rómulo Gallegos (1884-1969) : écrivain et homme politique véné-zuélien qui fut brièvement président de la République entre février et novembre 1948.

arrivés à la conclusion que nous avions atteint et même dépassé notre objectif initial : partir à la découverte de l'Amérique latine. Certes, il nous restait deux vastes régions à visiter : l'Amérique Centrale et le Mexique. Toutes deux sont très importantes sur le plan politique et culturel – la première parce qu'elle illustre de façon encore plus éclatante la domination yankee dans ce qu'Aragón[1] a appelé les « républiques bananières » (une de ces républiques, le Nicaragua, est d'ailleurs le pays natal de Sandino[2]). Quant au Mexique, berceau de la première révolution agraire, il mérite lui aussi une visite. En outre, la civilisation maya en Amérique Centrale et les Aztèques au Mexique peuvent nous enseigner mille choses passionnantes. D'un autre côté, nous ne sommes pas des globe-trotters professionnels et vient un moment où nous avons besoin de nous poser et de faire quelque chose d'utile.

Par conséquent, nous avons pris la décision suivante. Si un vendeur de chevaux de course résidant ici, à Caracas, et associé d'un oncle de Pelao, accepte de prendre Ernesto à bord de l'avion qui transporte ses pur-sang, ce dernier ira finir ses études de médecine à Buenos Aires. Moi, je resterai au Venezuela pour travailler soit dans une léproserie, soit à l'université avec un des professeurs à

---

1. Agustín Aragón (1870-1954) : ingénieur, philosophe positiviste et essayiste mexicain, auteur d'études sur l'évolution du langage populaire dans son pays.
2. Augusto « César » Sandino (1895-1934) : leader charismatique du mouvement nationaliste du Nicaragua et chef de la guérilla anti-impérialiste. Trahi par le Président après avoir signé un cessez-le-feu, il fut assassiné par la Garde nationale.

qui je présenterai mes lettres de recommandation. Si rien de tout cela n'est possible, eh bien! nous continuerons notre voyage jusqu'au Mexique.

Trois ou quatre heures se sont écoulées à discuter de ces questions autour de notre maté. Enfin, le conducteur et ses assistants sont revenus et ont pu changer les pneus.

Caracas, 17 juillet 1952

Caracas est une ville moderne et attrayante. Pelao et moi commencions à en avoir assez de tous ces contretemps pendant notre voyage en camionnette. Lorsque nous sommes arrivés au village de Los Teques, la route a commencé à grimper dur entre des collines boisées. Nous avons vu des forêts de pins, à moins que ce ne soient des araucarias, que l'on se serait attendu à voir dans les Andes plutôt que dans ces collines des plaines tropicales. Puis nous sommes entrés dans une étroite vallée au fond de laquelle se dressaient de hauts immeubles.

La circulation augmentait à mesure que nous approchions de la ville. Nous avons commencé à voir de longues files de voitures de toutes marques et de toutes tailles, luttant pour se doubler et provoquant au bout du compte un incroyable chaos. Quel contraste avec la sérénité et la beauté du paysage à peine quelques kilomètres plus tôt!

Nous sommes restés à Caño Amarillo car l'endroit est réputé pour ses hébergements modiques. Fúser sentant monter une nouvelle crise d'asthme, nous nous sommes empressés de chercher une chambre. Avec le peu d'argent qui nous restait, nous n'avons rien trouvé de mieux qu'un taudis où j'ai laissé Ernesto se reposer pendant que je partais à la recherche de l'ambassade d'Argentine – non sans avoir au préalable repassé mon costume tout froissé.

Après bien des difficultés, je suis parvenu à m'entretenir avec quelques-uns des responsables de l'ambassade : de véritables icebergs, déguisés en êtres humains et terrifiés à la seule idée que je puisse leur demander de l'argent ou de la nourriture. J'ai récupéré les lettres qui m'étaient adressées, mais ils n'ont pas voulu me donner celles destinées à Ernesto. Après les avoir entendus rabâcher sur les conditions de vie si difficiles au Venezuela et me recommander de déguerpir avec mon ami aussi vite que possible avant d'être à court de ressources – si minces soient-elles déjà, à en juger par mon apparence –, j'ai tourné les talons sans même les saluer car j'avais plutôt envie de les envoyer au diable !

Je suis retourné à la pension la mine déconfite ; heureusement, Fúser paraissait à peu près rétabli.

L'après-midi, nous sommes allés voir la tante d'un ami, Mlle Margarita Calvento. Une véritable perle. Quand je lui ai expliqué ma mésaventure à l'ambassade, elle m'a suggéré – et nous sommes tombés d'accord avec elle – que si personne ne m'y avait pris au sérieux, c'était à cause de ma tenue. Quelques heures plus tard, l'hypothèse s'est trouvée confirmée. Après un copieux repas au milieu de l'après-midi, Margarita nous a proposé de tenter notre chance dans une pension pour étudiants, rien moins que la Pension pour les jeunes catholiques du Venezuela. Armés d'une lettre de recommandation et après nous êtres mutuellement rendus plus présentables, nous sommes arrivés sur place. À l'évidence, nous ne devions pas présenter si bien que ça car la directrice, sous nos yeux, a téléphoné à Margarita Calvento pour lui demander si la lettre de recommandation que lui avaient tendue un certain Dr Granado et un certain M. Guevara était bien de sa main. Je n'ai pas entendu la réponse de notre compatriote, mais je suppose qu'elle a su se montrer assez emphatique pour convaincre cette vieille chouette que nous étions bien, malgré notre apparence, ce qu'elle disait dans sa lettre.

Caracas, 18 juillet 1952

Aujourd'hui, nous sommes allés rendre visite à l'associé du vendeur de chevaux. L'oncle d'Ernesto est l'agent de douanes à Buenos Aires. Il ne voit aucune objection à ce que Fúser fasse le voyage Caracas-Miami-Buenos Aires, du moment qu'il obtient son visa de transit pour les États-Unis.

Margarita, qui joue le rôle de la bonne fée déguisée en vieille fille, va nous mettre en relation avec un journaliste argentin représentant la United Press International (UPI) à Caracas. Il a d'excellents rapports avec l'ambassade yankee.

Caracas, 19 juillet 1952

Nous avons rencontré le Dr Convit, pour lequel le Dr Pesce nous avait écrit une lettre de recommandation. Nous voulons savoir s'il peut me donner du travail. Il nous a reçus avec chaleur et, bien qu'avare de mots, il a mis cinq minutes à me jauger, au moyen d'un petit interrogatoire sur mon expérience médicale. Il m'a bien plu. Quand il m'a proposé 500 *bolívares* et un logement à l'hôpital, j'ai dû me contrôler pour ne pas répondre « oui » sur-le-champ! M'en tenant à notre plan, je lui ai donc dit que j'allais y réfléchir – feinte indifférence, malgré les signaux frénétiques que m'adressait Fúser pour que j'accepte.

Une réunion de famille

Caracas, 20 juillet 1952

Aujourd'hui, tandis que Pelao se rendait à l'ambassade yankee accompagné de Leguizamón, le journaliste, je suis allé à l'université, un des autres endroits où je pourrais bien trouver du travail.

Le campus est très plaisant. Entouré de hautes palissades, il contraste avec la pauvreté des cabanes disséminées sur les collines alentour. Le professeur auquel on m'avait recommandé, un physiologiste, est parti en voyage au Canada. J'ai pu parler à quelques étudiants qui, en dépit d'une méfiance latente, m'ont expliqué que lui et d'autres professeurs de qualité avaient dû quitter l'université à cause de leurs idées trop progressistes.

J'ai croisé pas mal de policiers dans l'établissement, et l'ambiance générale était assez désagréable. Cela ne m'a pas empêché de beaucoup apprécier l'ouverture d'esprit et le caractère avenant des Vénézuéliens : à peine avaient-ils fait ma connaissance, ils me tutoyaient.

Pour le moment, je n'ai senti aucune trace de cette xéno-
phobie dont on m'avait tant parlé.

L'après-midi, je suis retourné voir le Dr Convit et je
lui ai demandé où il se proposait de me faire travailler.
Il m'a répondu que ce serait à l'hôpital de Cabo Blanco,
à une trentaine de kilomètres de Caracas. Il compte
passer me prendre dès demain avec sa camionnette pour
m'emmener voir ça de plus près.

Le soir, nous avons retrouvé Mlle Calvento chez elle,
en compagnie de deux Argentines qui travaillent avec
elle. Nous leur avons longuement raconté quelques-
unes de nos aventures, puis Ernesto m'a expliqué qu'il
n'avait eu aucune difficulté à obtenir un visa grâce à
Leguizamón. C'est justement le moment que le journaliste a choisi pour faire son apparition, avec son
épouse. Nous avons trinqué à leur arrivée et au départ
imminent de Fúser.

Cependant, notre soirée d'adieux ne s'est pas déroulée dans une ambiance si cordiale et bienveillante que
nous l'imaginions. L'homme de l'UPI semblait en effet
résolu à nous harceler en nous chantant les louanges
des États-Unis et en fustigeant l'infériorité des peuples
latins. Pendant un certain temps, compte tenu de l'aide
qu'il avait apportée à Pelao, nous nous sommes accom-
modés de ses balivernes – du moins jusqu'à ce qu'il se
lamente sur la victoire des Argentins contre les Anglais
en 1806, sans laquelle nous serions tous devenus des
Américains.

— Ou des Indiens, ai-je répliqué. Souffrant à 90 %
de malnutrition et d'analphabétisme, après cinq cents ans
de colonisation anglaise !

Fúser s'est tourné vers moi et a enchaîné :

— Eh bien ! moi, je préfère être un Indien analphabète plutôt qu'un Américain millionnaire !

Toutes les personnes de l'assemblée, venues au Venezuela dans le secret espoir d'y faire fortune, ont pris cette remarque pour une attaque personnelle. Mais c'est bien sûr notre « brillant » journaliste qui a tenu à riposter. Il a commencé par nous raconter des histoires ridicules de pauvres gens qui, à la force du poignet, étaient devenus des millionnaires.

Après lui avoir ri au nez, nous lui avons opposé le récit de ce dont nous avions été témoins pendant notre périple : les bas salaires, la dévaluation monétaire, les prêts bancaires de l'étranger aux pays que les cartels ont décidé d'aider. Après dix minutes, je me suis assis pour savourer mon verre de vin. Avec ses arguments, son ton sarcastique et ses analyses pertinentes, Pelao avait de quoi leur clouer le bec, à tous, et je le gênais plus que je ne l'aidais.

Une fois nos esprits quelque peu calmés, nous avons pris congé et avons rejoint notre respectable pension. En chemin, j'ai dit à Fúser :

— S'il en avait le pouvoir, ce type ferait annuler ton visa.

Caracas, 21 juillet 1952

Aujourd'hui nous sommes allés visiter la léproserie. La route entre Caracas et La Guaira est d'une beauté à couper le souffle. On dirait que tout ce paysage était jadis entièrement couvert de plantations de café, avec différents types d'arbres pour les ombrager et autant de sortes de feuillages. Cette route, qui offre des panoramas grandioses sur le bleu incomparable de la mer des Caraïbes, sinue entre de hauts précipices, pas exactement comme dans les Andes péruviennes, mais tout de même très dangereux en raison de l'étroitesse du passage et du nombre de virages.

Le conducteur m'a raconté que cette route avait été construite par des prisonniers politiques sous la dictature de Juan Vicente Gómez[1] et suivant le trajet d'un ancien chemin muletier. C'est assez ironique, et le nombre de virages apparemment inutiles tend à rendre l'histoire plausible.

L'hôpital est une véritable caverne de sorcières : il est laid, délabré et aurait besoin d'une couche de peinture. Mais la mer n'est qu'à quelques pas, une plage au sable d'un blanc immaculé s'étire jusqu'à la palissade. Et les rouleaux des déferlantes feraient la joie de n'importe quel vacancier...

Caracas, 22 juillet 1952

La visite d'hier nous a donné un avant-goût d'un avenir riche en travaux de recherche. Le directeur général, le Dr Convit, comme le Dr Blumenfeld qui dirige le laboratoire, paraissent prêts à m'écouter et à me prêter main-forte pour tout ce qui touche à mes recherches. Cette perspective me semble donc très prometteuse.

---

1. Le dictateur vénézuélien Juan Vicente Gómez (1857-1935) domina la vie politique de son pays de 1908 jusqu'à sa mort.

25 juillet 1952

Fúser s'en va tôt demain matin pour accomplir son destin. Il doit encore travailler dur pour obtenir son diplôme.

Après tant de mois passés ensemble, la séparation est difficile. Nous nous efforçons l'un et l'autre de ne pas montrer l'étendue de la tristesse qui nous submerge. Mais après tout, cette séparation est provisoire. Je sais que nous nous retrouverons bientôt.

Tout comme, il y a dix ans, j'avais la certitude que nous ferions ce voyage, j'ai aujourd'hui la conviction qu'un jour, Fúser et moi repartirons ensemble sur la même route.

Épilogue

À Caracas, j'avais fait la connaissance d'un docteur qui avait lu quelques-uns de mes articles sur la maladie de Hansen et me proposa de travailler dans le laboratoire clinique d'une léproserie.

Cette opportunité, combinée avec le fait qu'un ami de la famille d'Ernesto, vendeur de chevaux de course à Caracas, se servait d'un avion pour ses affaires, aboutit à un marché que je passai avec le Che : il retournerait à Buenos Aires, m'aidant à tenir la promesse que j'avais faite à sa mère Celia de la Serna que son fils serait rentré à temps pour finir ses études.

Je dus insister pour qu'il tienne parole. Il s'envola d'abord pour Miami, où il séjourna quelque temps dans une certaine détresse. L'itinéraire de son avion fut : Buenos Aires-Caracas, Caracas-Miami, Miami-Maracaibo-Buenos Aires. L'avion transportait des chevaux destinés à être vendus à Miami ; là, il chargeait des chevaux américains qui devaient être vendus à Maracaibo. Malgré les nombreuses escales, c'était une occasion à ne pas manquer car c'était une façon très économique de voyager.

Nous nous étions quittés en juillet 1952. Nous ne nous serrâmes la main de nouveau que le 18 juillet 1960, lorsque je lui rendis visite à la Banque nationale de Cuba.

Le Che nous a raconté qu'à Miami il avait traversé une période difficile. Il se rendait souvent à la bibliothèque municipale et son unique repas était un café au lait – jusqu'à ce qu'il sympathise avec le propriétaire d'un petit café-restaurant et que ce dernier lui offre de quoi se nourrir. Un jour, un Portoricain est entré dans l'établissement à l'heure du déjeuner et a commencé à vitupérer le gouvernement Truman. Un agent du FBI l'a entendu et ce qui devait arriver est arrivé : le Che a dû prendre ses distances…

Je tenais vraiment à ce qu'il décroche son diplôme. Avec ses méthodes de travail si particulières et ses capacités intellectuelles rares, il est parvenu à passer onze ou douze examens en moins d'un an. Il a terminé ses études de médecine en mars 1953.

Une fois diplômé, il est reparti pour le Venezuela avec l'idée de m'y retrouver. Il voulait savoir si nous allions poursuivre notre périple ou s'il pouvait se greffer sur mon travail de recherches à la léproserie de Cabo Blanco. Comme il ne voulait emprunter d'argent à personne, il s'est débrouillé avec ce qu'il avait. Il trouvait cela plus romantique.

Avec deux ou trois amis, il est monté dans un train reliant Buenos Aires à La Paz, en Bolivie – un trajet de quelque 6 400 kilomètres, avec arrêt à chaque gare de chaque ville, grande ou petite. Bref, un enfer.

Il est ainsi repassé par le lac Titicaca, l'une des étapes de notre voyage, puis a longé la côte pour rejoindre le Venezuela rapidement.

À son arrivée à Guayaquil, en Équateur, il a rencontré Ricardo Rojo, un avocat de Buenos Aires, qui vivait là-bas en exil après s'être évadé de prison de façon spectaculaire. Il avait demandé l'asile politique à l'ambassade du Guatemala à Buenos Aires, et un diplomate l'avait escorté jusque dans son pays.

Rojo, qui n'avait jamais rencontré Guevara, lui a dit une chose qui l'a fait changer d'avis. Quand Ernesto lui a fait part de son intention de se rendre à Caracas, de m'y retrouver et d'y travailler d'une façon ou d'une autre, il s'est exclamé :

— Mais, Guevara, pourquoi veux-tu aller au Venezuela ? C'est un pays qui n'a d'intérêt que si tu aimes les dollars ! Viens avec moi au Guatemala, c'est là que la vraie révolution sociale est en train de naître !

Ce nouveau projet en tête, Ernesto m'a envoyé le message suivant : « Petiso, je pars pour le Guatemala. Je t'écrirai. »

J'ai appris que la révolution cubaine avait triomphé lors d'une soirée avec la famille Guevara, un 31 décembre. C'est Jorge Ricardo Masetti, l'un des convives invités par Doña Celia, qui nous a annoncé la nouvelle.

Quelque temps plus tard, j'ai reçu cette réponse du Che à une lettre que je lui avais écrite :

Division militaire de La Cabaña
La Havane, 11 mars 1959

Mial,

Même si je l'attendais, ta lettre m'a fait grand plaisir. Je ne t'ai pas écrit depuis que je suis dans mon nouveau pays car j'avais l'intention de me rendre au Venezuela avec Fidel. Des événements imprévus m'en ont empêché. Je compte y aller un peu plus tard, mais je suis malade et cloué au lit. Je pense m'y rendre dans environ un mois.

Tu n'as jamais quitté mes pensées, à tel point que lorsque j'ai été invité au Venezuela, j'ai demandé deux journées de temps libre pour les passer avec toi et les tiens. J'espère que cela sera bientôt une réalité.

Je ne répondrai rien à la philosophie de bazar contenue dans ta lettre car cela nécessiterait quelques matés, une petite empanada[1] *et un coin tranquille, à l'ombre d'un arbre. Alors, on pourrait discuter...*

Je t'envoie l'étreinte la plus forte que ta dignité de macho t'autorise à recevoir d'un autre homme.

Che

Avant de quitter Cuba pour la dernière fois, le Che m'a envoyé un livre portant cette dédicace :

La Havane, année de l'agriculture.

Alberto,

Je ne sais ce que je pourrais te laisser en guise de souvenir. Aussi me ferais-tu plaisir en te consacrant désormais pleinement à l'économie du sucre[2]. Quant à moi,

---

1. Sorte de friand à la viande argentin.
2. Le livre portant la dédicace de Che Guevara est un essai sur l'industrie du sucre de canne à Cuba. Il a été envoyé à Alberto Granado en mars 1965, à la veille du départ du Che pour le Congo.

je repars sur deux jambes, avec ma maison itinérante, et mes rêves ne connaîtront pas de limite – du moins tant que les balles n'en auront pas décidé autrement.

Je t'attendrai, toi, le gitan sédentaire, quand la fumée de la mitraille se sera dissipée.

Je t'embrasse fort, ainsi que tous les tiens (Tomás inclus).

Che

CHRONOLOGIE

1922
8 août : Naissance d'Alberto Granado Jiménez à Hernando (province de Córdoba, Argentine), fils de Dionisio T. Granado, d'origine espagnole, employé de bureau de la Société des chemins de fer argentins, et d'Adelina Jiménez Romero. Alberto est l'aîné de leurs trois fils.

1928
14 juin : Naissance d'Ernesto Guevara de la Serna à Rosario (province de Santa Fe, Argentine), fils d'Ernesto Guevara Lynch et de Celia de la Serna, tous deux issus de « familles fondatrices » aisées, très impliquées politiquement dans l'action politique radicale. Ernesto est l'aîné de cinq enfants.

1930
Ernesto a ses premières crises d'asthme. Elles le poursuivront toute sa vie.
6 septembre : le général Uriburu renverse le gouvernement nationaliste d'Hipólito Irigoyen ; le père d'Alberto, militant syndical, est sommé de quitter la région. La famille emménage à Villa Constitución, dans la province de Santa Fe.

1931
En raison des problèmes de santé persistants de la mère d'Alberto, ce dernier est envoyé chez ses grands-parents paternels, à Córdoba, où il poursuit ses études.

1934
En raison des problèmes de santé d'Ernesto, la famille Guevara déménage à Alta Gracia, dans la province de Córdoba, une petite ville réputée pour son air pur.

1936
Alberto étudie au Colegio Nacional Deán Funes.

1940
Alberto entre à l'université de Córdoba où il étudie la chimie et la biochimie.

1941-1942
La famille Guevara s'installe à Córdoba, capitale de la province. Ernesto étudie au Colegio Nacional Deán Funes. Rencontre avec Alberto. En dépit de sa santé fragile, Ernesto est un étudiant vif et un sportif accompli. Profitant de la gigantesque bibliothèque familiale, il dévore des ouvrages littéraires, philosophiques et politiques. Il prend une part active aux activités politiques de ses parents.

1943
Granado est emprisonné pour avoir été membre d'un mouvement politique opposé à la dictature du général Juan Perón. Il est libéré l'année suivante.

1945-1951
La famille Guevara s'installe à Buenos Aires. Ernesto entre à la faculté de médecine de l'université de Buenos Aires. Parallèlement à ses études, il travaille comme volontaire dans un institut de recherche en allergologie. De juin à septembre, il effectue un long voyage à vélo dans le nord-ouest de

l'Argentine (4 700 km en tout). La pratique du vélo lui permet de forger sa volonté, mais aussi de découvrir un paysage à l'échelle humaine. En 1950, il travaille comme matelot sur un bateau à vapeur qui l'emmène à Panamá, au Honduras et en Haïti.

1946
Granado décroche une maîtrise de chimie à l'université de Córdoba. Il est engagé comme assistant médical au département d'Hygiène et d'Épidémiologie.

1947-1951
Granado est directeur du laboratoire clinique et pharmacologique de la léproserie de San Francisco del Chañar. Il obtient une maîtrise en biochimie à l'université de Córdoba et reçoit une bourse d'études pour l'Institut Malbrán de Buenos Aires, réputé pour ses laboratoires et sa bibliothèque.

1951
29 décembre : Guevara et Granado partent à moto pour un voyage d'exploration des pays de la côte pacifique. Chacun tient un journal de bord.

1952
Janvier-juin : Au Pérou, ils résident dans la léproserie de San Pablo, puis descendent l'Amazone jusqu'en Colombie. À Bogotá, ils sont détenus et interrogés par la police du dictateur Laureano Gómez. Ils quittent le pays pour éviter d'autres complications.
Juillet : Ils atteignent Caracas, au Venezuela. Guevara rallie Buenos Aires via Miami à bord d'un avion-cargo. Sans ressources, il reste bloqué un mois à Miami et expérimente les États-Unis pour la première fois de sa vie. Granado reste au

Venezuela, où il travaille au laboratoire de la léproserie de Cabo Blanco, à Maiquetía.

10 mars 1952 : Putsch militaire de Fulgencio Batista à Cuba. Début de la dictature.

1953

Mars : Guevara achève ses études de médecine. Son asthme lui a inspiré une thèse sur les allergies. Appelé pour effectuer son service militaire, il est réformé.

26 juillet : Fidel Castro dirige l'insurrection contre Batista. Mais leur attaque de la garnison de Moncada, à Santiago de Cuba, est un échec : lourdes pertes humaines et arrestation de Castro et d'autres survivants.

Juillet : début du deuxième voyage de Guevara en Amérique latine. Avec Calica Ferrer, il embarque à bord d'un train qui relie Buenos Aires à La Paz (soit 6 400 km).

Décembre : Guevara arrive au Guatemala, où le Président élu Jacobo Arbenz dirige un gouvernement de gauche.

1954

Janvier-juin : N'ayant pu trouver de poste dans le secteur médical, Guevara multiplie les travaux alimentaires, étudie le marxisme et se lance dans l'activisme politique. Il fait la connaissance de révolutionnaires cubains en exil.

Juin : Des forces mercenaires appuyées par les États-Unis envahissent la capitale Ciudad Guatemala. Guevara se porte volontaire pour les combattre. Le président Arbenz refuse d'armer la population et démissionne.

Septembre : Guevara s'enfuit du Guatemala et arrive à Mexico City, où il trouve un emploi de docteur à l'Hôpital central. Il écrit son premier article politique : « J'ai vu la chute de Jacobo Arbenz. »

1955

Juillet : Libéré à la suite de mouvements populaires à Cuba, Fidel Castro arrive au Mexique.

Juillet-août : Guevara rencontre Castro. Il devient le troisième homme de la future expédition de guérilla et commence à entraîner des recrues. Il prend le nom de « Che ».

18 août : Guevara épouse l'économiste péruvienne Hilda Gadea.

Granado obtient une bourse pour l'Instituto Superiore di Sanità, à Rome. Pendant son séjour en Europe, il visite l'Espagne, la France et la Suisse. À son retour, il épouse Delia María Duque Duque.

1956

24 juin : Guevara et Castro sont arrêtés par les autorités mexicaines, et avec eux vingt-huit recrues cubaines.

25 novembre : Libérés de prison, Castro et Guevara quittent le Mexique avec quatre-vingts hommes et s'embarquent pour Cuba à bord du navire *Granma.*

2 décembre : Ils débarquent à Belic et sont repoussés par les troupes de Batista à Alegría de Pío. Seuls dix-sept hommes en réchappent.

1957

17 janvier : Attaque de La Plata. Première victoire de l'armée rebelle. Bien qu'officiellement médecin des forces rebelles, Guevara prend part au combat.

Entre janvier et mai, l'armée rebelle remporte des victoires à Arroyo del Infierno, Palma Mocha et El Uvero.

5 juin : Guevara est promu commandant de la Quatrième Colonne – pour dissimuler le fait qu'il n'y a que deux colonnes, la première étant dirigée par Fidel Castro.

1958

Juillet : Victoire décisive des rebelles à El Jigüe.

Décembre : Les forces rebelles contrôlent désormais la moitié de Cuba.

À la suite de la destitution du dictateur vénézuélien Pérez Jiménez, Granado est chargé de réorganiser l'École de bio-analyse de l'université de Caracas, où il travaille jusqu'en 1961.

31 décembre : Guevara et ses hommes remportent la bataille de Santa Clara. Granado, qui passe les fêtes en Argentine auprès de sa famille, apprend la nouvelle du triomphe de la révolution cubaine alors qu'il dîne à Buenos Aires avec la mère de Guevara.

1959

1er janvier : Le président Batista s'enfuit de Cuba.

2 janvier : Le régiment de Guevara entre à La Havane et prend ses quartiers dans la forteresse de La Cabaña.

8 janvier : Fidel Castro arrive à La Havane après avoir effectué un tour triomphal de l'île.

9 février : Guevara obtient la nationalité cubaine en remerciement de sa contribution à la libération de Cuba.

16 février : Castro devient Premier ministre. Il lance avec Guevara un programme complet de réformes économiques et sociales.

2 juin : Guevara et Hilda Gadea divorcent à l'amiable et Guevara épouse Aleida March, son assistante depuis plusieurs mois.

Juin-septembre : En tant que représentant du gouvernement, Guevara part en tournée en Europe, en Afrique et en Asie.

7 octobre : Guevara est chargé de superviser la réforme agraire.

26 novembre : Guevara est nommé gouverneur de la Banque nationale cubaine. Il est entièrement responsable de la gestion des finances du pays. Il se lance dans des études de mathématiques supérieures.

1960

17 mars : Sur ordre du président Eisenhower, la CIA entraîne des volontaires cubains exilés dans le but de reprendre Cuba.

8 mai : L'URSS reconnaît le gouvernement révolutionnaire de Cuba.

Juin-décembre : Cuba nationalise ses raffineries de pétrole. En riposte, Eisenhower réduit les importations de sucre. L'URSS récupère le surplus. Les relations entre Cuba et les États-Unis dégénèrent. Nationalisation des grandes entreprises américaines, des banques étrangères et des sociétés cubaines privatisées. Guevara part en visite en RDA, en Tchécoslovaquie, en URSS, en Chine et dans la République populaire de Corée.

Invité par Guevara, Granado se rend à Cuba pour la première fois.

1961

Janvier-février : Rupture complète des relations entre Cuba et les États-Unis.

23 février : Guevara est nommé ministre de l'Industrie.

Mars : Granado s'installe à Cuba avec sa famille et travaille comme professeur de biochimie à l'École de médecine de l'université de La Havane.

15 avril : Des avions américains bombardent les aéroports de Santiago de Cuba et de La Havane.

16 avril : Castro annonce que la révolution se voue à l'idéal socialiste.

17 avril : 1500 contre-révolutionnaires, soutenus par les États-Unis, débarquent dans la baie des Cochons pour envahir Cuba. Guevara commande les troupes dans la province de Pinar del Río.

19 avril : Les derniers contre-révolutionnaires capitulent à Playa Girón.

8 août : Guevara prononce un discours lors de la Conférence économique et sociale interaméricaine de l'Organisation des États américains (OAS) à Punta del Este, en Uruguay. Il dénonce l'Alliance américaine pour le progrès. Sa famille et ses amis arrivent de Buenos Aires pour le rejoindre. Il traverse clandestinement la frontière pour un rendez-vous secret avec le président Arturo Frondizi, à Buenos Aires. À la suite de cette recontre, Frondizi est destitué par l'armée.

Décembre : À Cuba, fin de la campagne d'anti-analphabétisme qui a duré toute l'année. Le livre de Guevara, *Traité de la guérilla*, est publié à Cuba.

1962

Janvier : L'OAS (Organization of American States) vote l'exclusion de Cuba.

Février : Le président Kennedy ordonne un embargo économique total sur Cuba. Dans la *Deuxième Déclaration de La Havane*, Cuba annonce son soutien à toutes les luttes révolutionnaires en Amérique.

27 août-7 septembre : En tant que responsable de la délégation économique, Guevara séjourne pour la deuxième fois en URSS.

Octobre : Crise des missiles cubains. Guevara et ses hommes occupent leur position de combat dans la province de Pinar del Río. Nikita Khrouchtchev accepte de retirer les missiles soviétiques basés à Cuba si les États-Unis promettent de ne pas envahir l'île.

Granado et un groupe de collègues fondent la deuxième faculté de médecine de Cuba, dans les locaux de l'université de Santiago.

1963

Janvier : La mère de Guevara rend visite à son fils à La Havane. Ensemble, ils font le tour de l'île.

Juillet : Guevara part pour l'Algérie en tant que représentant du gouvernement révolutionnaire aux cérémonies de commémoration du premier anniversaire de l'indépendance algérienne.

Décembre : Guevara prononce le discours de clôture lors de la Semaine de la solidarité au Sud-Viêt-nam.

1964

Mars : Guevara part pour Genève en tant que responsable de la délégation cubaine lors de la Conférence des Nations unies sur le commerce et le développement. Il y prendra la parole lors d'une session plénière.

4-19 novembre : En URSS, Guevara assiste aux célébrations commémorant le 47e anniversaire de la révolution d'Octobre. Il y rencontre le dirigeant vietnamien Ho Chi Minh.

11 décembre : En tant que président de la délégation cubaine, Guevara prend la parole lors de la 19e assemblée générale des Nations unies à New York.

17 décembre : Guevara quitte New York et part pour l'Afrique, où il séjourne durant trois mois. Il visite l'Algérie, le Mali, le Dahomey, le Congo-Brazzaville, le Ghana, la Tanzanie et l'Égypte avant de rentrer à Cuba en mars 1965.

1965

1er avril : Guevara quitte Cuba pour diriger une mission internationale au Congo. Il donne à Fidel Castro sa lettre de démission.

Décembre : Guevara retourne en secret à Cuba.

1966

Juillet : Dans la province de Pinar del Río, Guevara met en place le Détachement internationaliste cubain qui part en mission en Bolivie.

7 novembre : Guevara s'installe dans son camp en Bolivie avec dix-sept Cubains et plusieurs recrues boliviennes.

1967

23 mars : Première action militaire de la guérilla, et première victoire contre une colonne de l'armée bolivienne.

16 avril : Dans un discours lors de la Conférence tricontinentale de solidarité avec les peuples d'Afrique, d'Asie et d'Amérique latine, qui se tient à La Havane, Guevara appelle de ses vœux « deux, trois, plusieurs Viêt-nam ».

Mai-octobre : Un renfort massif de troupes boliviennes, encadrées par des experts américains, attaque les guérilleros de Guevara. Lourdes pertes.

8 octobre : Blessé, Guevara est capturé par les troupes gouvernementales.

9 octobre : Guevara est exécuté dans le village de La Higuera.

15 octobre : Castro confirme la mort de Guevara et annonce trois jours de deuil national à Cuba.

16 décembre : Granado est muté à La Havane, où il fonde avec d'autres le Centre national de soins pour l'élevage et l'agriculture. Il devient directeur du département de Génétique.

1970-1974

Granado poursuit son travail de recherches scientifiques, donne de nombreuses conférences à Cuba et à l'étranger. Il est nommé professeur émérite.

1975-1986

Granado obtient son doctorat en biologie. Il joue un rôle central dans le développement de la race bovine Holstein Tropical. Il participe au Congrès mondial de génétique à Moscou et au Congrès sur le polymorphisme à Leningrad.

1986-1990

Granado prend part à la création et à l'organisation de la Société de génétique cubaine. Il en est nommé président.

1991-1994
Granado se consacre à la validation et à la méthodologie de ses recherches dans des universités prestigieuses en Espagne et au Venezuela. Il prend sa retraite en 1994.

1997
Les restes de la dépouille mortelle de Guevara et de certains de ses compagnons d'armes sont exhumés sur la piste d'atterrissage de l'aéroport de Vallegrande, en Bolivie, et envoyés à Cuba.
12 juillet : Guevara et ses camarades sont enterrés avec les honneurs militaires dans la ville de Santa Clara, dans la province de Las Villas. C'est là que Guevara et ses hommes avaient remporté une bataille décisive pour la révolution cubaine. Granado participe à la campagne de solidarité avec Cuba et à la promotion des idéaux de Guevara à Cuba et à l'étranger.

2002-2003
Granado est le consultant du cinéaste Walter Salles sur le tournage du film *Carnets de voyage*, fondé sur les récits que Guevara et lui-même ont faits de leur périple en Amérique latine. Le film est tourné sur les lieux mêmes de leur aventure, en Argentine, au Chili et au Pérou. Le film remportera le prix du Jury œcuménique au Festival de Cannes 2004, ainsi que le grand prix du public des Rencontres internationales du cinéma 2004 à Paris.

Table

Cet ouvrage a été composé
par Atlant'Communication
aux Sables-d'Olonne (Vendée)

Impression réalisée par

en octobre 2012
pour le compte des Éditions Archipoche

Imprimé en Espagne
N° d'édition : 007
Dépôt légal : avril 2006